GÜNTHER THÖMMES

So braut
Deutschland

LIEBLINGSPLÄTZE
zum Entdecken

GÜNTHER THÖMMES

So *braut* Deutschland

WO UNSER BIER ENTSTEHT

KULTUR

GMEINER

Besuchen Sie uns im Internet:
www.gmeiner-verlag.de

© 2016 – Gmeiner-Verlag GmbH
Im Ehnried 5, 88605 Meßkirch
Telefon 075 75/2095-0
info@gmeiner-verlag.de
Alle Rechte vorbehalten
1. Auflage 2016

Lektorat: Katja Ernst
Satz: Julia Franze
Bildbearbeitung: Benjamin Arnold
Umschlaggestaltung: Alexander Somogyi
unter Verwendung eines Fotos von: © stockphoto-graf – fotolia.com
Kartendesign: Mirjam Hecht
Druck: AZ Druck und Datentechnik GmbH, Kempten
Printed in Germany
ISBN 978-3-8392-1873-0

DEUTSCHLAND – LAND DER BRAUEREIEN

Hier entsteht unser liebstes Getränk

Noch ein Reiseführer über Bier? Ja, aber aus einem anderen Blickwinkel als die meisten anderen. Denn hier schreibt kein Laie ein Buch über sein liebstes Hobby, sondern ein aktiver Brauer und Braumeister über seine Lebenspassion. Über eine Auswahl seiner besten Kollegen und über wunderbare Brauereien. Für Bierfans, Biertouristen und solche, die es werden wollen.

Anlass ist ein großes Jubiläum am 23. April 2016: Das bayerische Reinheitsgebot für Bier wird 500 Jahre alt!

In Deutschland hat unser Lieblingsgetränk, vor und nach dem Erlass des Bayernherzogs Wilhelm IV., eine beispiellose Karriere hingelegt.

Wenn auch nicht ganz ohne Hindernisse. Dass der Bierkonsum in den letzten Jahren stets leicht rückläufig war, wird gerne mit dem knallharten Verdrängungswettbewerb und der Monotonie beim Geschmack der großen Marken erklärt. Daher habe ich mich auf die Suche nach der »anderen Bierwelt« in Deutschland gemacht. Nach einer Welt abseits der Industriebiere, fern der touristischen Schunkel-Gemütlichkeit im Hofbräuhaus oder der geballten Bierseligkeit der Volksfeste. Ich habe große und kleine Brauereien gesucht und gefunden, traditionsreiche und neu gegründete. Junge und alte Brauerinnen und Brauer – alles Menschen, die eines gemeinsam haben: eine unbändige Leidenschaft für Bier. Mit persönlichem Einsatz, nicht nur auf Profit aus, sondern neugierig und aufgeschlossen. Mit Fantasie und vielen Ideen, aber auch dem Willen, gute, alte Rezepte zu bewahren oder gar neu zu entdecken. Ich war überrascht von der Menge an Tipps, die ich bei meiner Recherche von Bierfreunden aus dem ganzen Land bekam. Und den Entdeckungen, die ich daraufhin machte. Aber auch gleichzeitig enttäuscht, weil in diesem Buch nicht genug Platz für alle ist. Denn es gibt etwa 1.350 Braustätten in Deutschland, und beim derzeitigen Boom des Craftbiers – also modernem, handwerklich gebrautem Kreativbier nach neuen Rezepten und unter der Verwendung von alternativen Rohstoffen –, kommen fast monatlich weitere hinzu. Die Auswahl fiel schwer, doch ich freue mich, Ihnen eine Menge interessanter und unterschiedlicher Brauereien im Folgenden vorstellen zu dürfen. Einige Städte Deutschlands beherbergen so viele Brauereien zwischen ihren Mauern, dass es unfair wäre, eine einzige daraus hervorzuheben. Daher werden fünf Städte (Hamburg, Berlin, Köln, Düsseldorf und Bamberg) jeweils in einem Stadtszenario beschrieben, in dem alle ortsansässigen Brauereien genannt werden und die Bierkultur, -szene oder Dynamik dieser Bierstädte genauer beleuchtet wird. Die einst großen Brauzentren München und Dortmund werden dabei außen vor gelassen. Zu gravierend war der Niedergang (eine Mischung aus Schließungen und Verkäufen an internationale Bierkonzerne) der vergangenen Jahrzehnte dort.

Mit diesem Buch biete ich Ihnen einen Querschnitt durch die deutsche Braulandschaft, wie es ihn bisher noch nicht gab: ein wenig Tradition, ein wenig Zukunft, ein wenig supermodernes Craftbier. Gewachsene Industrie und Handwerk, Mittelstand bis Einmannbrauerei, Pils und Weißbier, Stout und India Pale Ale (IPA) sowie historisches Bier wie Gose, Zoigl und Gruitbier. Ich verspreche Ihnen nicht, dass Sie die heile Welt der Fernsehbier-Werbung vorfinden werden mit immer fröhlichen, biertrinkenden Menschen; mit romantischen Felsquellen, aus denen unerschöpflich das sauberste Brauwasser sprudelt. Was ich Ihnen verspreche, ist, dass Sie hart arbeitende Menschen kennenlernen werden, die ihre Begeisterung für den wunderbaren Brauerberuf und das Produkt Bier gerne mit Ihnen teilen und Ihnen einen Einblick geben in die wirkliche Welt des Bierbrauens.

In diesem Sinne wünsche ich Ihnen genauso viel Spaß bei Ihrer Entdeckungsreise durch Deutschlands »andere Bierwelten«, wie ich ihn hatte.

Cheers & Prost!
Ihr Günther Thömmes

... hat einiges zu bieten. Nicht nur eine bezaubernde Altstadt mit alten Häusern und gepflasterten Straßen sowie einen malerischen Hafen voll Cafés und Fischrestaurants, sondern – lediglich eine Straße vom Hafen entfernt – seit 1991 auch eine wunderschöne Gasthausbrauerei. Die nördlichste Location dieses Reise-Lesebuchs.

Befindet man sich zum ersten Mal in dem geschmackvoll eingerichteten Restaurant und bestaunt die genau in der Mitte des Raumes installierte Sudanlage, stutzt man zuerst. Irgendetwas ist anders als bei anderen Gasthausbrauereien. Sieht anders aus. Dann fällt der Groschen: Die Sudpfanne ist gekachelt! Weiße Kacheln mit rotbraunem Dekor verzieren den unteren Teil der Pfannen. Die Erklärung: Bei einem Unfall vor vielen Jahren verbrannten die kupfernen Gefäße und wurden dadurch unansehnlich. Anstatt für teures Geld neue Kupfertöpfe zu kaufen, wurde kurzerhand ein Fliesenleger herbestellt – seither bietet das Husumer Brauhaus das einzige gekachelte Sudhaus Deutschlands, vielleicht sogar der ganzen Welt! Und es sieht wirklich gut aus. Ungewöhnlich und sehenswert!

Wer nach ein paar Bieren und gutem Essen, in dem auch Produkte der Brauerei mitverarbeitet werden, von seinem Platz in der Gaststube oder dem großen Strandbiergarten (Deutschlands nördlichster!) nicht mehr weit gehen mag, der kann gleich im hauseigenen Best-Western-Hotel einchecken.

 Produktion in Zahlen: Der Ausstoß beträgt zehn Hektoliter je Sud, die Anzahl der Sude schwankt saisonbedingt stark.

Sorten: Braumeister Jens Nachtwein braut das volle Programm: traditionelle Biere genauso wie moderne Craftbiere (IPA und andere Ales), Starkbiere wie einen Weizentripelbock oder gar fassgereifte Jahrgangsbiere. 16 verschiedene pro Jahr sind es derzeit.

Führungen/Veranstaltungen: Jeden Freitag ab 17 Uhr werden Brauereiführungen mit Verkostung angeboten, Gäste sind natürlich auch sonst jederzeit willkommen. Einmal im Jahr ist Maibockanstich.

Gärkeller

Der Sud ist fertig

HOCH IM NORDEN ...

Kieler Brauerei am Alten Markt, Kiel

Bereits seit 1988 sorgen Turgay Cahit Agri und seine circa 50 Mitarbeiter mit Kiels einziger Brauerei dafür, dass die Kieler Kehlen – und natürlich auch die der Besucher der nördlichsten Landeshauptstadt – nicht austrocknen.

»Urig« ist wohl der Ausdruck, der dem Besucher als Erstes einfällt, wenn er das Brauhaus betritt. Viel dunkles Holz wurde verbaut, passend zum attraktiven Zehn-Hektoliter-Sudwerk aus Kupfer. Die offenen Gärbottiche sind vom Gastraum gut einsehbar, auch ohne Führung.

Für eine Gasthausbrauerei ist man ungewöhnlich engagiert im städtischen Geschehen: Keine Kieler Woche, kein Kieler Umschlag, keine Veranstaltung ohne Kieler Bier, die Hauptsorte vom Alten Markt.

Der gemütlich-rustikale Gastronomiebereich zieht ein bunt gemischtes Publikum an und bietet reichlich Platz. 250 Sitzplätze drinnen, und, da es im hohen Norden ja nicht immer nur kalt und windig ist, auch 80 Sitzplätze im Freien.

Im Restaurant wird gerne mit Bier gekocht: Hausgemachte Biersoße, im Bierteig ausgebackenes Gemüse, Schnitzel nach Brauer Art in Malzschrot paniert, gehören zu den Spezialitäten des Hauses.

 Produktion in Zahlen: Zehn Hektoliter pro Sud. Der Ausstoß schwankt saisonal.

Sorten: Ausschließlich untergärige Biere, sämtlich unfiltriert. Das naturtrübe Kieler Bier ist die Hauptsorte. Daneben gibt es ein helles Bier nach Pilsener Brauart sowie saisonal Mai- und Winterbockbiere. Im Sommer 2015 wurde eigens zum 350. Jubiläum der Christian-Albrechts-Universität zu Kiel ein dunkles, kräftig gehopftes Bier gebraut.

Führungen/Veranstaltungen: Es werden regelmäßig Brauereiführungen angeboten, etwa vier bis fünf Besichtigungen pro Woche. Außerdem erweiterte Führungen mit Bierverkostungen in Zusammenarbeit mit Kieler Museen und Stadtführungen.

Die Kieler Biere werden natürlich auch beim alljährlichen *Kieler Craft-Beer Day* ausgeschenkt.

**KLÜVER'S BRAUHAUS /// SCHIFFBRÜCKE 2–4 ///
23730 NEUSTADT IN HOLSTEIN /// 0 45 61 / 71 48 11 ///
WWW.KLUEVERS.COM ///**

Erstaunlich, wie bewegt eine relativ kurze Geschichte von gut 20 Jahren bisweilen sein kann. 1993 wurde eine alte Fischhalle direkt am Neustädter Hafen zur Pacht ausgeschrieben. Die alteingesessene Familie Klüver, seit vielen Jahren im Fischhandel tätig, pachtete, sanierte und baute darin eine erfolgreiche Gastronomie auf. Doch nur sieben Jahre später schien bereits alles zu Ende zu sein. Der Vertrag mit der Stadt wurde nicht verlängert, und es gab sogar Pläne, alles niederzureißen. Klüver-Sohn Olaf gab jedoch nicht auf und kämpfte um seinen Traum, dort weiterzuarbeiten und neben dem Restaurant noch eine Brauerei einzurichten. Mit Erfolg! Die Abrisspläne wurden aufgegeben. Klüver gewann die neuerliche Pacht-Ausschreibung. Seither ergänzt die Küstenbierbrauerei die anderen elterlichen Betriebe mit Fisch, Fleisch und Feinkost im Angebot zu einem kleinen Kulinarik-Imperium.

Wunderschön, direkt am Hafen gelegen, erstrahlte die alte Ziegelhalle in neuem Glanz. Eine Attraktion für die Region Holstein.

Ungewöhnlich sind die Sudpfannen: Im Gegensatz zu den häufig zu sehenden kupfernen Sudwerken bestehen diese aus glänzendem Edelstahl. Die Erklärung dafür leuchtet ein: weniger Polieraufwand als bei Kupfer. Deftiges Essen, eine reichhaltige Fischkarte und bezahlbare Preise laden ein, hier einen Abend mit leckeren, hausgebrauten Bieren zu genießen.

Produktion in Zahlen: Im Sudhaus werden pro Sud zehn Hektoliter gebraut. Die Anzahl der Sude ist saisonal schwankend.

Sorten: Pils, Dunkel, Weizen, Bock, Röker und alkoholfreies Weizen sind die Stammsorten; diese sind durchgehend erhältlich. Die restlichen Sorten (Rauchbier, Winterbier, Sommerbier, Rotbier, Märzen) sind je nach Saison verfügbar.

Führungen/Veranstaltungen: Klüver's ist eine Brauerei mit angeschlossener Gastronomie. Daher können Besichtigungen einfach und unkompliziert angeboten werden. Einfach nachfragen.

KLEIN, ABER FEIN

Ricklinger Landbrauerei, Rickling

Seit 1996 bereits betreibt die Familie Lämmer die kleine Landbrauerei, mitten in Holstein genau zwischen Bad Segeberg und Neumünster gelegen. Diese ist, trotz angeschlossener Gastronomie, keine Gasthausbrauerei im klassischen Sinne. Vater und Sohn Lämmer verstehen die Brauerei als Handwerk und leben das auch. Denn so hat alles angefangen: als Hobby in der Garage. Und irgendwann wurde aus dem Hobby ein Beruf. Besser noch: eine Berufung. Wie eine groß gewordene Hobbybrauerei präsentiert sich die Technik in Rickling: schmucklos, aber effektiv. Und sauber. Ohne Schnörkel, Kupfer und Show. Bei den Brauseminaren zeigen Udo und Sascha Lämmer, dass sie sich auch gut vor Menschen präsentieren können. Gerne wirbt die Familie mit der erstaunlichen Vielzahl an Bieren aus einer derart kleinen Brauerei. Ungewöhnlich genug, aber letzten Endes nur Resultat der langjährigen Berufserfahrung von Vater Udo Lämmer.

Die Bügelflaschen aus Rickling sind gut von anderen zu unterscheiden, da sie statt eines großen Etiketts mit einem langen, farbigen Streifen von oben nach unten beklebt sind. Die Lämmers schwören auf die ausschließliche Verwendung von Doldenhopfen – selten genug – und geben auf die unbehandelten, unfiltrierten Biere gekühlt eine Mindesthaltbarkeit von vier bis sechs Wochen. Aber so lange sollte ein frisches Bier sowieso nicht im Kühlschrank bleiben.

 Produktion in Zahlen: Etwa 700 Hektoliter werden im Jahr produziert.

Sorten: Ganzjährig gibt es Pils, Dunkel, Märzen, Stout. Dazu noch einige saisonale Spezialbiere mit teils ungewöhnlichen Namen wie Spez, Porse, Rauchbier, Imkertrunk, India Pale Ale, Sommerbrise, Schwarzes und Rickel. Dazu noch vier verschiedene Bockbiere, auch saisonal.

 Führungen/Veranstaltungen: Die Brauerei kann jederzeit von Besuchern besichtigt werden. Die Plätze in Brauseminaren sind schnell vergeben, daher unbedingt vorher buchen.

Man findet Ricklinger auch bei Craftbier-Festen in und um Hamburg und Kiel.

BRAUBERGER ZU LÜBECK /// ALFSTRASSE 36 /// 23552 LÜBECK /// 04 51 / 7 14 44 /// WWW.BRAUBERGER.DE ///

NUR EINE BIERSORTE IM ÄLTESTEN KELLER

Brauberger zu Lübeck, Lübeck

Die berühmte, UNESCO-gewürdigte Inselaltstadt von Lübeck ist auf einem Hügel gelegen. Am Rande dieses Hügels geht es die Alfstraße bergab, bis man vor der Trave steht und auf der anderen Seite das Messezentrum erblickt. Dort, am steilsten Wegstück, an der Ecke Alfstraße/Untertrave, wird seit 1989 (wieder) Bier gebraut. Nach dem Niedergang der Hanse ist von den einst circa 200 Brauereien nicht viel übrig geblieben. Heute ist die Gasthausbrauerei Brauberger zu Lübeck die einzige Brauerei der Hansestadt.

Und während andere Brauereien wetteifern, wer die meisten Biersorten im Portfolio hat, betreibt Brauberger ein völlig gegenläufiges Konzept und bietet lediglich *ein einziges* Bier an. Das hat es aber in sich: ein Zwickelbier, angeblich gebraut nach einem Rezept aus Lübecks großer Zeit im Spätmittelalter. Dieses Bier ist bei Jung und Alt so unglaublich beliebt, dass bislang keine Notwendigkeit gesehen wurde, noch etwas anderes zu brauen.

Im Keller des Brauberger findet sich das wohl am besten erhaltene und älteste romanische Kellergewölbe der Hansestadt; es stammt aus dem Jahre 1225. Womit auch touristisches Interesse über das Bier hinaus befriedigt wird.

Besucher, die klassisches Brauhandwerk sehen wollen, kommen bei Brauberger voll auf ihre Kosten. Die Brauanlage ist aus Kupfer, alles wird von Hand gemacht, das Bier wird in Holzfässern gelagert und es wird daraus ausgeschenkt.

Dazu gibt es passende Kost wie Brotzeit, Schnitzel und Ofenkartoffeln.

 Produktion in Zahlen: Etwa vier bis fünf Hektoliter pro Tag.

 Sorten: Nur eine Biersorte, ein unfiltriertes Zwickelbier nach angeblich mittelalterlichem Rezept.

Führungen/Veranstaltungen: Das Brauhaus ist für Besucher gut einsehbar, da es mitten in der Gaststube steht. Bei weiterem Interesse gibt das Personal gerne Auskunft.

RATSHERRN ★ JUST CRAFT. REAL TASTE. ★ RATSHERRN ★ JUST CRAFT.
RATSHERRN
JUST CRAFT. REAL TASTE

DAS EINSTIGE BRAUHAUS DER HANSE ERSTEHT WIEDER AUF

Hamburg

»Lübeck, ein Kaufhaus;
Köln, ein Weinhaus;
Braunschweig, ein Zeughaus;
Danzig, ein Kornhaus;
Hamburg, ein Brauhaus.«

So hieß es im Spätmittelalter, als zu besten Hansezeiten die Hamburger Bürger von bis zu 500 (!) Brauhäusern versorgt wurden. Vom alten Glanz war zuletzt indes wenig übrig geblieben. Hamburg wurde lange Zeit nur noch mit der riesigen, nicht eben für brillante Biere verrufenen Holsten Brauerei und dem – nicht einmal in Hamburg gebrauten – St.-Pauli-Girl-Bier in Verbindung gebracht.

Das hat sich zum Glück in den letzten Jahren geändert. Denn Platz findet sich anscheinend auch in der Großstadt immer noch ausreichend. So wurden in den letzten Jahren diverse Schlachthöfe, Fischkonservenfabriken oder Molkereibetriebe in Brauereien umgewandelt.

Hamburg hat sich nach Berlin zum zweiten Epizentrum der neuen Craftbier-Bewegung gemausert. Daneben gibt es auch einige sehr schöne Brauhäuser, die traditionell eingerichtet sind und entsprechende Biere und Speisen anbieten. Für »Hamburg und Bier« sollten interessierte Besucher daher unbedingt etwas mehr als einen Tag einplanen.

Beginnen lässt sich die Erkundungstour sehr gut im Zentrum Hamburgs. Dort finden sich die Traditionalisten: Im Brauhaus Gröninger, günstig gelegen mit Blick auf die Mitte 2015 zum UNESCO-Weltkulturerbe gekürte Speicherstadt, liegt der Schwerpunkt auf gutem Pils und deftigem Essen. Nicht weit entfernt, an der Binnenalster, befindet sich das Brauhaus Joh. Albrecht, eine Brauhauskette mit Filialen in Hamburg, Soltau, Bielefeld, Düsseldorf und Konstanz. Wie Gröninger mit glänzendem, poliertem Kupfersudwerk. Das Konzept ist ähnlich; die Speisen sind eher deftig, die Biere konventionell. In beiden Brauhäusern kann der Gast tagsüber beim Brauen zusehen, Fragen stellen oder gleich die ganze Brauerei besichtigen.

Zu den beiden oben genannten Gasthausbrauern gesellte sich unlängst das Blockbräu, etwas westlich direkt an den St. Pauli-Landungsbrücken gelegen. Die Brauanlage ist, wie es die Kunden wohl erwarten, ebenfalls in Kupfer gehalten, aber mit einem deutlich moderneren Anstrich. Hefeweizen würde man in Hamburg nicht unbedingt vermuten, aber es existiert hier tatsächlich eine Weißbiertradition aus dem Mittelalter, die gerade wieder neu entdeckt wurde. Und Weißbier scheint an diesen Ort zu passen, zum Blockbräu, zur großstädtisch gehaltenen Speisekarte mit maritimem Anstrich. Die Hafenterrasse bietet einen wunderbaren Blick auf den Hamburger Hafen und jede Menge dicke Pötte. Eine Brauereiführung inklusive Brezel und Bier kostet zehn Euro.

Um die Protagonisten der jungen, wilden Craftbierszene zu besuchen, muss man das Zentrum verlassen. Hamburgs Mitte ist viel zu teuer für Neulinge im Braugeschäft.

Wir wenden daher den Blick Richtung Nordwesten der Hansestadt. Dort, in Stellingen, in einem eher unscheinbaren Industriegebiet, findet man gut versteckt – als hätte er Angst davor, gefunden zu werden – Simon Siemsglüss und seine Buddelship-Brauerei. Die Lage passt zu dem großen, beinahe schüchtern wirkenden Mann, wie man ihn sich hanseatischer nicht vorstellen könnte. Hinter dessen Wortkargheit verbirgt sich eine äußerst freundliche Bescheidenheit. Und der Wunsch, seine flüssigen Kunstwerke aus Hopfen und Malz für ihn, für sich selbst sprechen zu lassen. Er hat es innerhalb kürzester Zeit geschafft, nicht nur für den Geschmack seiner Biere weit über Hamburgs Grenzen hinaus bekannt zu werden, sondern auch für deren Namen und kunstvolle Etiketten. Kohlentrimmer, Mitschnagger, Blanker Hans – ein Weißbier – und Roter Klinker heißen seine Kreationen unter anderem. Besucher sind jederzeit willkommen. Besondere Aktionen wie Verkostungen, besondere Führungen und Braukurse sind geplant. Am besten dazu in der Brauerei anrufen.

Ebenso hanseatisch, aber nicht ganz so wortkarg, ist Oliver »Olli« Wesseloh. Der Braumeister und Biersommelier-Weltmeister von 2013 ist eine der Galionsfiguren der in Deutschland noch jungen Kreativbrauerszene. Der umtriebige Wesseloh ist ständig unterwegs, um das Thema »Craftbier« bekannter zu machen; dazu frisch gebackener Buchautor – natürlich über Craftbier, Mitentwickler von Gourmet-Biergläsern und so gefragt bei den Medien als Diskussions- und Interviewpartner, dass fast zu wenig Zeit für sein eigenes Herzensprojekt blieb. Sein Wunsch war immer schon, endlich eine eigene Brauerei zu besitzen. Wesseloh ist seit dem Start seiner Kehrwieder-Brauerei im Sommer 2012 als Wanderbrauer unterwegs gewesen. Er nutzte freie Kapazitäten in anderen Brauereien, um dort mit seinen Rezepten und Rohstoffen zu arbeiten. 2015 hatte die Wanderbrauer-Existenz ein Ende und Wesseloh ist mit seiner Kreativbrauerei Kehrwieder sesshaft geworden. Im Süden Hamburgs, in Harburg, stehen nun gebrauchte Milchtanks, umfunktioniert zu Sudgefäßen für Biere, sowie alle weitere Technik, die man für eine Kreativbrauerei benötigt. Seit Ende 2015 haben dort die Hauptsorte Prototyp, die bereits legendäre Single Hop IPA-Serie SHIPA, der Senatsbock, der Feuchte Traum, die Weltmeister Weiße und andere bierige Meisterstücke ihr Zuhause gefunden. Und sicher wird in Zukunft auch der eine oder andere »Kollaboration-Sud« entstehen; Biere nach von mehreren Brauern gemeinsam erarbeiteten Rezepten, ebenfalls eine Sache, für die Wesseloh bekannt geworden ist. Besucher sind gegen Voranmeldung herzlich willkommen. Einmal im Monat sind Braukurse und Verkostungen geplant.

Zum Abschluss der Hamburger Biertour begeben wir uns zurück ins Zentrum, wo in den Schanzenhöfen, ein Stück westlich des Kongresszentrums, ein äußerst beliebtes Bier-Triumvirat einen mehr als würdigen Abschluss bietet: Craftbier-Brauerei, Craftbeerstore und Craftbier-Restaurant. Mehr Craftbier auf einmal geht nicht. Hochklassig, stylisch – und nicht ganz billig. Aber unbedingt einen Besuch wert. In einem ehemaligen Schlachthof mitten im angesagten Schanzenviertel hat die Nordmann-Gruppe dabei gleich zwei Brauereien in einem Gebäude untergebracht. Eine kleine für Experimente. Und eine größere (nach Fernsehbiermaßstäben allerdings immer noch kleine), um die gelungenen Experimente – darunter auch ein Hamburger Weißbier – dann in größerer Auflage unters bierliebende Volk zu bringen. Angeschlossen daran ist ein wunderschöner Bierstore, mit einer Auswahl von weit über 300 handwerklich gebrauten Bieren aus aller Welt. Wer mag, kann dort eine Besichtigung der Brauereien erfragen. Ein Haus weiter wird ein Teil dieser Biere, zusammen mit gutem Essen, zur Verkostung angeboten. Das unabhängig agierende Restaurant Altes Mädchen – bei dem der bekannte Koch Tim Mälzer involviert ist – bietet seit Frühjahr 2013 in stilvoller, urbaner Atmosphäre über 60 verschiedene Craftbiere, selbst gebackenes Brot und eine moderne Karte rund um Burger, Fisch und Salate. Man sitzt immer gut, drinnen wie draußen.

Im angesagten, lebhaften Schanzenviertel finden überdies regelmäßig bierige Thementage und -feste statt, wie zum Beispiel die Craft-Beer-Days oder Winter- beziehungsweise Bockbier-Tage.

Wer bei manch anderem Hamburger Bier, über das man so stolpert im Laufe eines Hamburg-Besuches, die zugehörige Brauerei sucht – wie beispielsweise bei Von Freude, Wildwuchs, Brewcifer, Elbpaul oder, ganz jung, Hopper Bräu –, der sucht leider (noch) vergeblich. Diese ebenfalls sehr guten Biere werden von Hamburger Wanderbrauern hergestellt, da gibt es keine Brauerei zu besuchen oder zu sehen. Eigene Biershops eher schon. Wobei sich das schnell ändern kann, Brewcifer zum Beispiel sammelt derzeit mithilfe einer Crowdfunding-Kampagne (*Support the Madness!*) Geld, um endlich eine eigene Braustelle zu errichten. Und auch Wildwuchs hat Pläne, ab Sommer 2016 im eigenen Betrieb zu brauen.

Die Craftbier-Bewegung hat inzwischen beinahe die gesamte Hamburger Gastronomie erfasst. Es gibt zahllose weitere tolle Lokale und Geschäfte mit einer unglaublichen Bierauswahl, wie zum Beispiel den Galopper des Jahres oder das frisch eröffnete Beyond Beer, die beide einen Besuch wert sind.

In einer derart dynamischen Szene empfiehlt es sich, vor Ort einen Blick in neue Stadtmagazine und Zeitungen zu werfen, um zu erfahren, was es Neues gibt.

RÜGENER INSEL-BRAUEREI GMBH /// HAUPTSTRASSE 2C ///
18573 RAMBIN/INSEL RÜGEN /// 03 83 06 / 23 87 00 ///
WWW.INSEL-BRAUEREI.DE ///

Ein recht spektakuläres Brauereiprojekt brachte Deutschlands größte Insel unlängst zurück auf die Bierlandkarte: Markus Berberich und seine Partner (aus der holländischen Brauerdynastie Grolsch) eröffneten im Sommer 2015 ihre Insel-Brauerei. Damit die sieben Mitarbeiter gleich genug zu tun haben, läuft die Marketing-Maschine auf professionellen Hochtouren. Das sogenannte Rügener Artenschutzabkommen erlaubt (mit einem Augenzwinkern) das Bierbrauen nur naturbelassen ohne Filtration und mit Flaschenreifung, unter Verwendung von 100 Prozent Naturhopfen und Spezialmalz und mit offener Gärung. Dabei wird auf die Anwendung des in diesem Fall kreativ einengenden Reinheitsgebotes bisweilen verzichtet.

Nicht nur das Auftreten, auch die Produkte sind markant: Jede Flasche wird einzeln eingewickelt in Papier, die Biere enthalten bisweilen ungewöhnliche, kreative Zutaten und sind charmant benannt (Meerjungfrau, Strandgut, Seepferd und anderes). Die Palette der Brauerei ist schon von Beginn an recht groß, von regionalen Spezialitäten über klassische Ales und belgische Stile bis hin zu kreativen Eigenwerken. In Zukunft wird hier noch viel zu erwarten sein.

 Produktion in Zahlen: Die Brauerei produziert erst seit Sommer 2015, daher existieren noch keine Ausstoßzahlen. Das Sudhaus verfügt über eine Kapazität von 30 Hektoliter pro Sud.

 Sorten: Alle Biere sind ganzjährig verfügbar, es wird nicht unterschieden zwischen Hauptsorten und Saisonbieren: Insel Herb, Insel Kap, Insel Bier, Insel Saison, Insel-Kreide, Baltic Ale, Baltic Stout, Baltic Dubbel, Baltic Tripel, Meerjungfrau, Übersee-Hopfen, Strandgut, Seepferd.

 Führungen/Veranstaltungen: Besucher sind herzlich willkommen! Führungen und Besichtigungen finden täglich von 10 bis 19 Uhr statt, ohne Voranmeldung. Es gibt einen Verkostungsraum und einen Biergarten beziehungsweise eine »Bierveranda«. Keine eigene Gastronomie, doch in der Nachbarschaft befinden sich ein Bauernmarkt, eine Fischräucherei und ein Hofcafé.

**STÖRTEBEKER BRAUMANUFAKTUR GMBH ///
GREIFSWALDER CHAUSSEE 84–85 /// 18439 HANSESTADT STRALSUND ///
0 38 31 / 25 50 /// WWW.STOERTEBEKER.COM ///**

UNTER DER PIRATENFLAGGE

Seit fast 200 Jahren existiert die Brauerei Störtebeker. Aber erst seit 2011 nennt sie sich »Braumanufaktur«. So lange hat es gedauert, bis Familie Nordmann den heruntergewirtschafteten Betrieb aus DDR-Zeiten in eine moderne Spezialitätenbrauerei verwandelt hatte. Nun aber, da der wirtschaftliche Durchbruch geschafft ist, geht es rasant weiter. Bei Störtebeker werden ungewöhnlich viele der rund 100 Mitarbeiter zu Biersommeliers ausgebildet, und pro Jahr nehmen bereits etwa 25.000 Besucher an den Führungen und Verkostungen der Braumanufaktur teil.

Die Brauerei Störtebeker spielt, besonders in Norddeutschland, eine wichtige Rolle beim Craftbier-Boom, zum Beispiel mit ihrem Atlantik-Ale oder dem Roggen-Weizen.

Im angeschlossenen Braugasthaus wird als besondere Spezialität ein *Menü mit Bierbegleitung* angeboten, bei dem die Köche zu ausgewählten Bieren passende Speisen kreieren.

Die Brauerei verfügt neben einem Shop und einem Brauereimarkt über ein eigenes Besucherzentrum, wo auch die Führungen beginnen.

 Produktion in Zahlen: etwa 140.000 Hektoliter werden pro Jahr

Sorten: Atlantik-Ale, Bernstein-Weizen (auch in den Ausführungen Bio und Alkoholfrei), Frei-Bier (alkoholfreies Pils), Hanse-Porter, Keller-Bier 1402, Pilsener-Bier, Roggen-Weizen, Schwarz-Bier, Stark-Bier, Whisky-Bier, Glüh-Bier

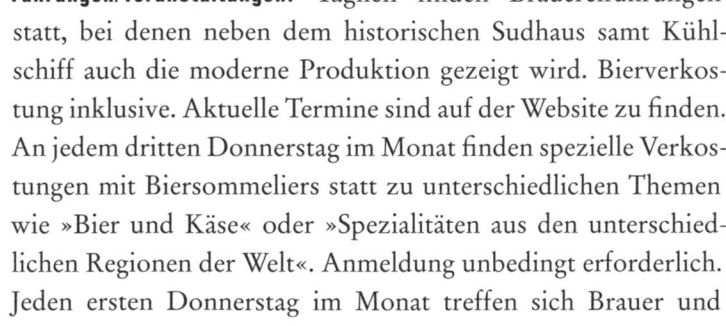 **Führungen/Veranstaltungen:** Täglich finden Brauereiführungen statt, bei denen neben dem historischen Sudhaus samt Kühlschiff auch die moderne Produktion gezeigt wird. Bierverkostung inklusive. Aktuelle Termine sind auf der Website zu finden. An jedem dritten Donnerstag im Monat finden spezielle Verkostungen mit Biersommeliers statt zu unterschiedlichen Themen wie »Bier und Käse« oder »Spezialitäten aus den unterschiedlichen Regionen der Welt«. Anmeldung unbedingt erforderlich. Jeden ersten Donnerstag im Monat treffen sich Brauer und Sommeliers zum Stammtisch, zu dem auch Bierinteressierte und Neugierige herzlich eingeladen sind.

GIEVITZER BRAUMANUFAKTUR ///
(REGIONAL AUCH UNTER »EICK BRÄU« BEKANNT) /// MÜHLENWEG 4 ///
17192 PEENEHAGEN OT GROSS GIEVITZ /// 03 99 34 / 77 50 ///
WWW.GIEVITZER.DE ///

Bereits 2007, ein paar Jahre vor dem derzeitigen Craftbier-Boom, startete Harry Erchen mit seiner in der Tat damals sehr, sehr kleinen Brauerei. Ursprünglich ein Hobby, machte Erchen das Brauen irgendwann zum festen Beruf. Die Brauanlage wurde nach und nach immer aufwendiger und immer professioneller. Edelstahlkessel und -tanks ersetzten die Kochtöpfe und Hobby-Gärgefäße aus Kunststoff. Doch Harry Erchen braut und vergärt sein Bier und putzt seine Brauerei immer noch allein. Im Einmannbetrieb. Ab und zu hilft ihm ein Praktikant, aber niemand außer ihm ist jederzeit da.

Die Jahresproduktion ist grundsätzlich immer noch gering genug, um von einer Person allein bewältigt zu werden, im Falle Erchen ist dies jedoch weitgehend den Räumlichkeiten geschuldet. Denn die Gievitzer Braumanufaktur befindet sich im Souterrain des Erchen'schen Einfamilienhauses. Dort produziert der Brau-Autodidakt sein ganz eigenes Universum an Bieren. Dabei legt er Wert darauf, dass die Gievitzer Biere durch die rein handwerkliche Produktion anders schmecken als die bekannten Industriebiere. Statt das Bier zu filtrieren und pasteurisieren, lässt Erchen es gekühlt reifen.

Besucher sind jederzeit herzlich willkommen, sich die kleinste Brauerei Mecklenburg-Vorpommerns nach Voranmeldung anzuschauen. Alle Biere können vor Ort verkostet, aber auch gerne mit nach Hause genommen werden.

 Produktion in Zahlen: Jahresausstoß circa 150 Hektoliter

 Sorten: Baltic Alt, Doppelbock, Böckchen, India Pale Ale, Pilsner, Schwarz-Pils, Imperator (im Whiskyfass gereiftes Starkbier), Biermischgetränke (Kirschbier, Stattradler)

Führungen/Veranstaltungen: Ganzjährig werden Führungen mit Verkostung angeboten, außerdem findet jedes Frühjahr ein Tag der offenen Tür statt.

GARTENSTADT- UND KNEIPEN-LUFT
Bräuhaus Kneipe Pur, Brandenburg a.d. Havel

Das Bräuhaus Kneipe Pur in Brandenburgs Gartenstadt-Vorstadt Plaue ist mit Sicherheit eines der ungewöhnlichsten gastronomischen Unternehmen Deutschlands mit einer ebenso ungewöhnlichen Geschichte.

Ab 1900 wurden in ganz Deutschland sogenannte »Gartenstädte« entwickelt, um einfachen Leuten das Leben im eigenen Haus mit Garten zu ermöglichen. In Plaue sollte dies den Arbeitern der örtlichen Pulverfabrik zugutekommen. Die heutige Kneipe war ursprünglich der »Speisesaal«, ein Provisorium aus Holz, und sollte später wieder entfernt werden. Nach Fertigstellung der Gartenstadt fehlte aber ein zentraler Treffpunkt in der Gemeinde, und so wurde die Baracke kurzerhand umfunktioniert.

Die Website der Kneipe Pur schreibt dazu: »Fester Zusammenhalt und kauziger Eigensinn sowie gigantischer Bierkonsum waren die stolzen Eigenschaften eines echten Gartenstädters.«

Bereits seit 1988, durch alle Wirren der Wiedervereinigung hindurch, wird sie von Familie Brätz betrieben, die das Lokal in eine Speisewirtschaft mit eigener Brauerei verwandelte, die regelmäßig eine Bühne für Konzerte bekannter Bands oder junger Nachwuchskünstler bietet. Die Atmosphäre und Stimmung sind locker, Bier und Speisen sehr zu empfehlen. Ein Muss für Besucher der Region! Und eine Anekdote am Rande: In der Anfangszeit des Bräuhaus Kneipe Pur – zu DDR-Zeiten – wurde mit einer Waschmaschine Bier gebraut: »Typ WM 66, stufenlose Temperatursteuerung, Rührwerk, Bodenablauf und unkaputtbare DDR-Technik.«

So entstehen Braumythen!

Produktion in Zahlen: Im Zehn-Hektoliter-Sudwerk wird je nach Bedarf, saisonal schwankend, gebraut.

Sorten: Porter, Rauch Märzen, 1912er Hell (Pilsner), Fruchtbiere nach belgischem Vorbild, dazu viele Saisonbiere (Festbier, Weizenbier, Bockbier, Winterwarmerbiere, *Nackenschweiß*-Rauchbier, Honigbier und – einmal im Jahr – Knoblauchbier!)

Führungen/Veranstaltungen: einfach zu den Öffnungszeiten anfragen

GASTHAUSBRAUEREI MEIEREI IM NEUEN GARTEN GMBH ///
IM NEUEN GARTEN 10 /// 14469 POTSDAM /// 03 31 / 7 04 32 11 ///
WWW.MEIEREI-POTSDAM.DE ///

Manche Brauereien und Brauhäuser sind schon aufgrund ihrer Lage ein Genuss. Zu diesen gehört ohne Zweifel die Gasthausbrauerei Meierei in Potsdam. An der Nordspitze eines großen Parks gelegen, dem Neuen Garten, lockt bereits bei einem Spaziergang dorthin der Gedanke an ein frisches Bier.

Angekommen, ist es nicht einfach zu entscheiden, was schöner ist: die Lage am Jungfernsee mit der traumhaften Terrasse oder das beeindruckende Steinmonument, in dem die Brauerei und das Restaurant untergebracht sind.

Der bekannte Baumeister Carl Gotthard Langhans entwarf vor über 200 Jahren das Gebäude, die Bauausführung übernahm von 1790 bis 1792 Andreas Ludwig Krüger.

Der Park war damals noch keiner, es weideten Kühe, deren Milch in der Meierei zur Versorgung des Hofes verarbeitet wurde. Später ließ Friedrich Wilhelm IV. das Gebäude erweitern, ein Turm und ein weiteres Geschoss kamen hinzu sowie martialisch aussehende Zinnen. Nach dem Ersten Weltkrieg wurde es ein Ausflugslokal, dann stand es einige Jahrzehnte leer und verfiel, bis nach der Wende mit Sanierungsarbeiten begonnen wurde. Seit 2003 betreibt Diplom-Brau-Ingenieur Jürgen Solkowski diese ganz besondere Gasthausbrauerei in historischen Mauern. Das schöne Kupfersudwerk und die rustikale Einrichtung passen sehr gut zum Gebäude. Innen sind mehrere Räume durch Bogengänge miteinander verbunden. Die Speisekarte ist überschaubar und orientiert sich in ihrem Angebot am Bier.

 Produktion in Zahlen: Die Sudanlage hat eine Größe von zehn Hektolitern. Der Ausstoß schwankt saisonal.

 Sorten: Weizenbier, Berliner Weiße und Pils sind immer im Ausschank. Alle vier Wochen wird zudem ein neues Bier gebraut, zum Beispiel Schwarzbier, Märzen, Maibock, dunkler Herbstbock oder Weihnachtsfestbier.

 Führungen/Veranstaltungen: Die Brauerei ist gut einsehbar. Für Details bitte vor Ort nachfragen.

FORSTHAUS TEMPLIN /// TEMPLINER STRASSE 102 /// 14473 POTSDAM ///
03 32 09 / 21 79 79 /// WWW.BRAUMANUFAKTUR.DE ///

Das Forsthaus Templin kann auf eine bewegte Historie zurückblicken. Vor über 250 Jahren als »Bleichplatz« erstmals erwähnt, dann zum Herrensitz erweitert, abgebrannt, als Forsthaus neu errichtet, ab 1834 als Gaststätte geführt und zu DDR-Zeiten ans Strandbad angebunden, wirkt es wie ein Ausflugslokal. Was es eigentlich auch ist. Aber halt mit einer Brauerei. Mitten im Wald gelegen, lediglich durch eine Straße vom Templiner See getrennt; ein Bootsverleih wird angeboten, die Gartenterrasse ist riesig. Man kann sich sogar mit dem Wassertaxi zur Brauerei fahren lassen. Innen ist es rustikal, viele Geweihe an den Wänden, viel Holz und Ziegel. Die Speisekarte passt dazu: Grill und Wild dominieren.

Seit 2003 wird dort Bier gebraut. Von Beginn an wollten die Besitzer, Braumeister Jörg Kirchhoff und Brauingenieur Thomas Köhler, es anders machen als die meisten. Und besser außerdem. Also brauen sie seit 2007 Biobier mit einer rustikalen, museal anmutenden Sudanlage aus Ziegel und Kupfer. Die wurde vor Jahren aus Bayern importiert, umgebaut und zugemauert. Blickfang innen im Gastraum ist eine alte, restaurierte Mühle von 1954, die sich mitsamt dem hölzernen Becherwerk zum Schroten zur Freude der Gäste lautstark in Bewegung setzt. Durch die ständig steigende Nachfrage, sogar aus der Hauptstadt Berlin, wuchs sich die einstmals reine Gasthausbrauerei im Laufe der Zeit zu einer »richtigen« Brauerei aus, mit angeschlossener Füllerei.

 Produktion in Zahlen: Mit der 40-Hektoliter-Anlage steuert die Brauerei munter auf 10.000 Hektoliter im Jahr zu.

 Sorten: Ein breites Sortiment an Biobieren. Die Hauptsorten Bio-Hell, Bio-Dunkel und Potsdamer Stangenbier werden ganzjährig hergestellt. Saisonal erhältlich sind Märzen, Maibock, Weizenbier, Erntebock und Weihnachtsbock.

 Führungen/Veranstaltungen: Einsicht jederzeit, Detailführungen mittwochs um 19 Uhr. Es finden regelmäßig Veranstaltungen und Brauseminare statt. Aktuelle Termine können auf der Website abgefragt werden.

DIE ANGEBLICH »KLEINSTE BRAUEREI DEUTSCHLANDS«

DER BIERIGE MIKROKOSMOS DEUTSCHLANDS
Berlin

Berlin und Bier. Bier und Berlin. Das ist Schmelztiegel, bieriger Mikrokosmos und Experimentierbude, glorreiche Vergangenheit und kreativer Aufbruch, Innovation und Rückbesinnung und nicht zuletzt: Deutschlands neue Bierhauptstadt!

Keine Großstadt in Deutschland besitzt derzeit mehr Braustätten, nirgendwo sonst werden Trends so schnell geschaffen und umgesetzt, und nur hier ist der richtige Platz, damit zum ersten Mal ein großer US-Brauer eine Braustätte in Deutschland errichtet. Auch an der Anzahl der Bierfeste sowie der Ernennung der Leiterin der *Berlin Beer Academy* zur offiziellen US-Bierbotschafterin für Deutschland kann man die aktuelle Bedeutung Berlins für das Bier in diesem Land erkennen.

Nachdem die Industriebrauereien bis auf eine (die Berliner-Kindl-Schultheiss-Brauerei) alle verkauft und/oder geschlossen wurden und es so aussah, als würde *die* Berliner Bierspezialität schlechthin, die Berliner Weiße, ein ähnlich tristes Schicksal erwarten, stehen derzeit alle Zeichen auf Erfolg. Die Liste der Brauereien Berlins wird beinahe monatlich länger. Hier eine Übersicht besuchenswerter Braustätten mit traditionellen wie modernen Szenebieren und -brauern:

Thorsten Schoppe, der sowohl im Brauhaus Südstern aka Schoppe Bräu (traditionell) wie auch im Pfefferbräu (modern) für das Bier verantwortlich zeichnet, hat in Berlin schon Craftbier gebraut, als der Begriff in dieser Form in Deutschland noch gar nicht existierte. Fürs reguläre, nicht Craftbier-affine Publikum braut er altbekannte Bierstile: Helles, Weißbier oder Dunkles. Mit seinem exzellenten Kreuzberger Indian Pale Ale, dem Schoppe Bräu XPA, seiner flüssigen Schwarzwälder-Kirschtorte, einem wunderbaren Stout, und seinen extrem starken Barley Wines ist er zuletzt auch überregional als überdurchschnittlich kreativer Braumeister bekannt geworden. Es lohnt sich unbedingt, die Vielfalt der Schoppe-Biere zu erkunden. An beiden Braustätten.

Auch Michael Schwab gehört mit seiner Brauerei und Marke Brewbaker zu den modernen Pionieren. Schwab rettete die Berliner Weiße vor dem Untergang. Seine mit klassischen Methoden gebraute Weiße ist ein Muss für Berlin-Besucher.

Im angesagten Viertel Friedrichshain produziert Philipp Brokamp im Hops & Barley seit 2008 in angenehmer studentischer Atmosphäre leckere, abwechslungsreiche Biere. Seine Anlage ist etwas kleiner als die der meisten anderen Gasthausbrauer (fünf Hektoliter pro Sud), dafür braut er öfter. Der Bau einer neuen Braustätte – ohne Gastronomie, ist aber so gut wie abgeschlossen. Fast wöchentlich produziert er neue Spezialbiere, und es wird auch selbst hergestellter, naturtrüber Cider ausgeschenkt. Wer ausführlich kosten möchte, kann in einem der zugehörigen Gästezimmer übernachten.

Ebenfalls in Friedrichshain präsentiert die Gasthausbrauerei Schalander (so heißt seit jeher die Kantine für Brauer) ihre eher traditionellen Biere.

Mitten in Berlin, im Nikolaiviertel, sitzt seit 1992 der Georgbräu. Dort kann man Pils bestellen, oder halt Pils. Allein die Tatsache, dass der Georgbräu mit einer einzigen Sorte bereits so lange überlebt hat, spricht für die Qualität des Bieres. Und der Bierstube mit klassischer Berliner Küche. Und des Biergartens.

In der Markthalle 9 in Kreuzberg hat sich mit dem Künstler (und Braukünstler) Johannes Heidenpeter (Heidenpeters) einer der Shootingstars der Kreativbrauer-Szene eingenistet. Dort wird das wohl beste Pale Ale Berlins gebraut. Nach Meinung vieler Bierkenner sogar Deutschlands. Die Markthalle 9 ist eine ehemalige Eisenbahnhalle, die im Jahr 2011 als »Lebensmittel-Punkt« mit dem Konzept *Anders-Essen* und *Anders-Einkaufen* eröffnete. Und jetzt bereits Kultstatus erreicht hat. Neben der Brauerei (im Untergeschoss, der Ausschank befindet sich in der Halle) wird noch viel Gutes angeboten: Kleine Handwerksbetriebe stellen ihre selbst gemachten Produkte (Wurst, Brot, Street Food, Fisch, Käse, Kuchen und vieles mehr) zum Verkauf. Vor einem Besuch lohnt es sich, einen Blick in den Veranstaltungskalender zu werfen. Thementage wie »Bier und Wurst«, »Cheese Talk«, »Coffee Festival« oder »Try Salz Tasting« sind ein echtes Erlebnis in der dann prall gefüllten Markthalle.

Rustikaler und traditioneller geht es im Weddinger Eschenbrau von Martin Eschenbrenner zu. In der warmen Jahreszeit lädt dort ein großer Biergarten zum Verweilen ein.

Der Amerikaner Greg Koch gründete vor 20 Jahren in Kalifornien seine Stone Brewery. Mittlerweile zur zehntgrößten Brauerei in den USA angewachsen, will Koch, der dem gängigen Bild von Jesus Christus nicht nur im Aussehen, sondern auch im Gehabe sehr ähnelt, nun in Deutschland als erster US-Brauer in seiner eigenen Brauerei Bier brauen. Die Baustelle in Mariendorf läuft auf Hochtouren, bis Mitte 2016 soll alles laufen. Erst die Brauerei, dann Bierschwemme und Restaurant. Derzeit wird das Bier noch auf einer kleinen Pilotanlage produziert, die Berliner Bierfans werden gewissermaßen »angefüttert«.

Ebenfalls im Wedding brauen seit knapp drei Jahren drei Amerikaner. Allerdings im Kleinformat, verglichen mit Stone. Ihre Vagabund-Biere haben eine stetig wachsende Fangemeinde. Verkostet werden können sie vor Ort in einem gemütlichen Taproom.

Etwas länger, seit 1999, existiert das Brauhaus Lemke. Seit 2007 wird in Charlottenburg gebraut. Das ursprüngliche Brauhaus in den Hackeschen Höfen wurde erfolgreich zur Versuchsbrauerei mit Labor umgebaut, wo die Lemke-Biere nun auch in Flaschen abgefüllt werden können. Oliver Lemke macht sein eigenes Ding, misstraut schnelllebigen Trends und setzt auf Bewährtes (Weizen, Pils, Zwickel).

Touristisch interessant ist die Brauerei am Rollberg in Neukölln. Zwar ist der Ausschank dort auf Donnerstag bis Sonntag begrenzt, doch in Zusammenarbeit mit dem Verein Berliner Unterwelten bietet die Brauerei jeden Samstagnachmittag Führungen in die Bierkeller an, die früher zur Kindl-Brauerei gehörten. Tief hinab ...

In der Alten Börse in Marzahn haben sich gleich zwei Brauereien einquartiert: Das Marzahner Pils wird hier produziert, außerdem ist die frühere Berliner Bierfabrik mit ihren Kreativbieren aus dem Wedding vor Kurzem hierher umgezogen.

Zu erwähnen wären noch das Brauhaus Spandau, der Marcus Bräu/Gasthaus Barkowsky, die Mikrobrauerei Zukunft am Ostkreuz, die Brauerei Flessa sowie die Schlossplatzbrauerei Köpenick, die von sich behauptet, die kleinste Brauerei Deutschlands zu sein. Was genau so schwer zu beweisen wie zu widerlegen ist.

Weiterhin: Im Südosten Berlins, in Neukölln, befindet sich eine alte Gründerzeitvilla, 1995 erbaut für eine Eisengießerfamilie. Das unter

Denkmalschutz stehende Haus wurde 1988 umgebaut und beherbergt seither das Brauhaus Rixdorf.

Bei den Gasthausbrauereien gibt es auch einige Ketten. Zu dieser Gattung zählen der Lindenbräu am Potsdamer Platz, der Hopfingerbräu am Brandenburger Tor sowie der Hopfingerbräu im Hauptbahnhof.

Berlin hat, wie Hamburg, ebenfalls einige erfolgreiche Wanderbrauer in seinen Mauern. Der Craftbier-Boom bringt eben auch Brauer hervor, die sich (noch) keine eigene Brauerei leisten können. Sehr interessant ist das Wanderbrauer-Projekt Spent Brewers Collective: ein kleines Braukollektiv aus Friedrichshain-Kreuzberg, bei dem außergewöhnliche Biere in einem Geschäftsmodell mit sozialistischem Ansatz erzeugt werden. Mittelalterliches Gruitbier oder Bier mit Vanille statt Hopfen? Sehr, sehr spannend das Ganze. Für Spent Brewers Collective soll das Wandern jedoch kein Dauerzustand sein, und so sucht man schon länger eine Heimat in Form einer eigenen Brauerei.

Christian Lennartz braut unter dem Namen Lenny's Artisanal Ales seine extravaganten Biere in verschiedenen Berliner Brauhäusern.

Das Wanderbrauprojekt BRLO – der alte slawische Name für Berlin – hat sich ebenfalls der Berliner Weiße angenommen und präsentierte im Sommer 2015, anders als Brewbaker, eine neue Interpretation dieses alten Bierstils.

BRLO braut neben Berliner Weiße noch ein Pale Ale, Porter sowie Helles.

Jüngste Wanderbrauerei mit Ambitionen auf Eigenes, und auch sehr auf die weitere Wiederbelebung der Berliner Weiße, ist die Berliner Berg Brauerei in Neukölln. Zurzeit läuft ein Crowdfunding-Projekt für eine Braustätte.

Führungen und Veranstaltungen für Bierinteressierte sowie Braukurse für angehende Hobbybrauer finden reichlich und regelmäßig statt, fast überall. Am aktuellsten kann man sich dazu über die Website der jeweiligen Brauereien informieren. Für den Biereinkauf spezieller Biere ist Berlin natürlich ein gutes Pflaster. Besonders lohnend sind der Berlin Bier Shop in Berlin-Tiergarten, die Getränkefeinkost in Friedrichshain sowie Bierlieb (bietet außerdem Braukurse an), ebenfalls in Friedrichshain.

Hannover ist nicht unbedingt für sein Bier bekannt und steht auch beim aktuellen Craftbier-Boom nicht in vorderster Reihe. Dennoch lohnt ein Blick auf die Hauptstadt Niedersachsens, spielt sich hier doch geradezu vorbildlich eine Zusammenarbeit verschiedener kleiner Brauer und Brauereien ab.

Im Zentrum dieses Konzepts befindet sich Diplom-Braumeister Kolja Gigla. Er gründete im Frühjahr 2014 die Brauerei Mashsee. Diese wurde allerdings schnell zu klein, um die rasch wachsende Nachfrage zu befriedigen. Hinter der Brauerei Mashsee steht nämlich lediglich eine selbst gebaute Mini-Versuchsanlage. Die größeren Chargen werden in der nahe gelegenen Brauerei Rupp gebraut.

Dritter im Bunde ist die Gasthausbrauerei Meiers Lebenslust, im Zentrum Hannovers angesiedelt, ein moderner, urbaner Betrieb mit entsprechender Küche, die sowohl Einheimische wie auch auswärtige Besucher anzieht. Bei Meiers kommt man seit Längerem ohne eigenen Braumeister aus, weil man sich von Rupp den russischen Braumeister »ausleiht« oder weil Braumeister Gigla dort braut. Die Führungen durch die Brauerei übernimmt ebenfalls Gigla. Und so arbeiten in und um Hannover drei Betriebe Hand in Hand, zum Vorteil für jeden.

Produktion in Zahlen: Mashsee verfügt über ein kleines Sudwerk (150 Liter) und ist noch zu jung für präzise Zahlen. Der Ausstoß bei Meiers Lebenslust beträgt zehn Hektoliter je Sud, gebraut wird ein- bis dreimal die Woche.

Sorten: Mashsee produzierte als Erstes das *Trainingslager*, was auch gleich der Durchbruch war. Dazu kam dann das Xoco IPA. Bei Meiers gibt es Helles, Dunkles und Saisonbiere (Roggenbier, Rotbier oder Bockbier) im Angebot.

Führungen/Veranstaltungen: Mashsee bietet zweimal pro Monat Sommelierverkostungen an, mit Alexander (Biersommelier) und Kolja (Diplom-Braumeister). Bei Meiers können Interessierte jederzeit einen Blick in die Brauerei und die schönen, geräumigen Keller werfen.

HOFBRAUHAUS WOLTERS GMBH /// **WOLFENBÜTTELER STRASSE 39** ///
38102 BRAUNSCHWEIG /// **05 31 / 2 71 80** ///
WWW.HOFBRAUHAUS-WOLTERS.DE ///

Das altehrwürdige Hofbrauhaus Wolters existiert seit beinahe 400 Jahren, mit allen Erfolgen und Krisen, die zu einer derart langen Zeitspanne gehören. Aber nie zuvor oder danach war die Brauerei in ihrer Existenz bedroht wie im Dezember 2005: Der InBev-Konzern, der die Brauerei zwei Jahre zuvor erworben hatte, verkündete damals trotz schwarzer Zahlen die Schließung des Betriebs. Zahllose Rettungsaktionen in und um Braunschweig bezeugten auf grandiose Art und Weise eine ungewöhnliche Solidarität der Region mit der Brauerei und ihren 150 Mitarbeitern, und sie hatten Erfolg! Das Hofbrauhaus Wolters durfte von privaten Investoren aus dem Konzern herausgekauft werden – ein sehr seltenes Phänomen heutzutage – und schmückt sich seither wieder stolz mit dem Titel *Größte Privatbrauerei Niedersachsens*. Das traditionelle untergärige Sortiment – ohne Modegetränke wie Biermischungen oder Ähnlichem – wird hauptsächlich regional verkauft, und die Braunschweiger halten ihrer Brauerei eisern die Treue. Wolters zahlt es mit zahlreichen Veranstaltungen und Sponsoringaktionen zurück. So sollte eine örtliche Verbundenheit überall aussehen, denn es ist nicht immer lohnend, sein Bier noch in den letzten Winkel der Republik verkaufen zu wollen.

Die imposante Fassade aus dem 19. Jahrhundert ist ein großartiges Industriedenkmal, wie es leider nur noch wenige in Deutschland gibt.

 Produktion in Zahlen: Der Jahresausstoß beträgt circa 650.000 Hektoliter.

 Sorten: Wolters braut ausschließlich untergärig: Pils, Bock, Schwarzbier, Märzen (die vier Hauptsorten) sowie als Nebensorten Malztrunk, Alkoholfreies Pils und Radler.

 Führungen/Veranstaltungen: Regelmäßige Führungen werden leider nicht angeboten, aber ein Besuch lohnt dennoch. Bei einer der zahlreichen Veranstaltungen, wie zum Beispiel das Braunschweiger Krimifestival, lässt sich außerdem vielleicht ein Blick ins Innere der Brauerei erhaschen.

LÄUTERWERK GMBH /// HAMMER STRASSE 371 /// 48153 MÜNSTER /// 02 51 / 61 64 86 /// WWW.LAEUTERWERK.DE ///

Die Craftbier-Euphorie ist mittlerweile nicht nur in den Großstädten zu Hause, sondern hat auch die »Bier-Provinz« erreicht. Nicht dass Münster wirklich Provinz wäre, dafür sorgen allein die Unmengen an Studenten sowie eine sehr veritable Bier-Historie (wie die von Pinkus Müller) mit der klassischen Alt-Verbindung nach Düsseldorf. Auch Philipp Overbergs Gruthaus (Motto: Biere nicht »nach, sondern vor dem Reinheitsgebot«) hat bereits überregional Schlagzeilen gemacht, aber Overberg operiert weitgehend als Gast- beziehungsweise Wanderbrauer bei größeren Brauereien im Umland und braut im Münster nur Versuche im Kochtopf. Und so ist die alte Stadt in Westfalen auf den aktuellen Bierlandkarten eher schlecht vertreten.

Damit sich dies ändert, haben sich drei junge Männer zum Aufbau einer neuen Brauerei in Münster entschlossen: des Läuterwerks, das im Oktober 2015 eröffnet wurde. Noch gibt es natürlich nicht viel Bier zu sehen und zu kosten – zu Beginn wurde ein Pale Ale gebraut. Doch die drei Gründer, Marcus Vortkamp, Ingo Meister und Marc Pinnekamp, versprechen eine Reise durch die klassischen Bierstile sowie »Exbierimente«.

Gekocht werden soll auch. Mit Bier und rund ums Bier. Mit Foodpairing, hin und wieder auch von lokalen Gastköchen. Man darf gespannt sein!

Da die Brauerei zumindest am Anfang von allen dreien im Nebenerwerb geführt wird, gibt es vorerst keine festen Öffnungszeiten für den Bierverkauf.

 Produktion in Zahlen: Geplant sind zunächst fünf Hektoliter pro Woche.

 Sorten: Den Anfang haben ein Pale Ale und ein Pecanut Brown Ale gemacht, viele weitere Biersorten werden folgen.

 Führungen/Veranstaltungen: Führungen und Veranstaltungen nach Absprache, Besucher sind jederzeit willkommen. Spontanes Ad-hoc-Programm, Braukurse, Veranstaltungen oder Neuigkeiten werden auf der Website angekündigt.

... die Gose, wird in der alten Kaiserpfalz Goslar gebraut. Diese auch als »Harzer Urbier« bekannte Spezialität trägt seit über 1.000 Jahren Goslars Namen in die Welt des Bieres!

Ein säuerliches Bier, mit Salz und Koriander, damit hätten natürlich die Hüter des Reinheitsgebotes ihre Probleme. Indes: Die Gose ist älter als das Gebot. Und als regionale Spezialität gab es für sie eine Ausnahmeregelung.

Wer das Weltkulturerbe Goslar besucht, diese mittelalterliche Pracht, sich diese vielen wundervollen Fachwerkhäuser und Kirchen anschaut, der sehnt sich irgendwann nach einer Pause, einer Möglichkeit zum Ausruhen, Entspannen, Erfrischen.

Und zufällig befindet man sich in der Mitte der Stadt, steht auf diesem wunderschönen Kirchhof, blickt sich suchend in alle Richtungen um und entdeckt dieses große alte Fachwerkhaus mit der verlockenden Inschrift, den goldenen Buchstaben »Brauhaus Goslar«. Wer dann bei Braumeister Odin Paul in seinem Brauhaus mit dem geschmackvoll eingerichteten Restaurant einkehrt, kann sich auf einen ungewöhnlichen Biergeschmack freuen. Passend dazu wird regional und deftig gekocht. Auch mit Bier.

Und spätestens beim Zuprosten mit einem fröhlichen »Goseanna« – dem Ruf der Gosekenner – wird man die Gose mögen. Und eine zweite bestellen. Oder mal eine dunkle ...

Da die Gose ein sehr beliebtes Souvenir aus Goslar ist, gibt es alle Biere natürlich auch in der Flasche.

 Produktion in Zahlen: Der Ausstoß beträgt zehn Hektoliter je Sud, gebraut wird ein- bis dreimal die Woche.

 Sorten: Gose ist die eindeutige Hauptsorte. Es werden jedoch auch andere Biere gebraut. Pils zum Beispiel. Oder Saisonbiere.

Führungen/Veranstaltungen: Dass Odin Paul sein Brauhaus gerne Interessierten zeigt, versteht sich in diesem Fall von selbst. Jederzeit während der Öffnungszeiten.

EINBECKER BRAUHAUS AG /// PAPENSTRASSE 4—7 /// 37574 EINBECK ///
0 55 61 / 79 70 /// WWW.EINBECKER.DE ///

Schon das Alter der Einbecker Brauerei, der 28.04.1378 (!) wird als ältestes bekanntes Datum angegeben, ist bemerkenswert. Einbeck hat sehr viel zur Biergeschichte beigetragen und liegt nun doch etwas abseits, sodass es eine Ehrensache ist, diese Legende als größte Brauerei dieses Buches vorzustellen. Trotz der Bekanntheit der Brauerei als Erfinder des Bockbieres – der Name »Bock« kommt tatsächlich von Einbeck, früher »Einpöck« – und obwohl sie nach wie vor der größte deutsche Hersteller von Bockbier ist, leidet auch sie unter dem gnadenlosen Wettbewerb innerhalb der Bierbranche und kämpft mit ständig neuen Investitionen für den Erhalt der 150 Arbeitsplätze. 1997 gab der Konzern Braun & Brunnen die Mehrheit ab an eine private Investorengruppe, welche die Brauerei seither führt.

Bei einem Rundgang durch die Gebäude sieht man Alt neben Neu, Tradition neben modernster Technik. Im Gegensatz zu vielen Führungen in Großbrauereien, die im Galopp stattfinden und bei denen längst nicht mehr alle Abteilungen gezeigt werden, bekommt der interessierte Besucher in Einbeck vom Sudhaus mit schönem Mosaik bis zur Verladehalle die ganze Brauerei zu sehen. Er erfährt einiges über die Geschichte des Bieres, das Bierbrauen in alter Zeit und natürlich über Einbecks ruhmreichen Beitrag dazu. Auch die Untaten Till Eulenspiegels in Einbeck werden gerne erzählt. Nach der Führung geht es zu einer Verkostung und einem kleinen Imbiss in den Ur-Bock-Keller. Wer dann noch nicht genug hat, kann im Restaurant Brodhaus nahe der Brauerei viele weitere Einbecker Sorten vom Fass probieren, Gerichte mit Einbecker Bier und Einbecker Senf genießen und am Ende feststellen: Die Bierlegende Einbeck lebt!

 Produktion in Zahlen: circa 700.000 Hektoliter Jahresausstoß

 Sorten: Pils, Dunkel, Alkoholfrei, Kellerbier, Landbier, Lemon, Mai-Ur-Bock, Radler, Ur-Bock hell & dunkel, Weihnachtsbier, Winter-Doppelbock

Führungen/Veranstaltungen: Täglich von Montag bis Donnerstag, jeweils um 14 Uhr. Um Anmeldung wird gebeten.

WASSERBURG ZU GOMMERN GMBH UND CO. KG ///
WALTHER-RATHENAU-STRASSE 9–10 /// **39245 GOMMERN** ///
03 92 00 / 7 88 50 /// **WWW.WASSERBURG-ZU-GOMMERN.COM** ///

In der Umgebung von Magdeburg, dieser Eindruck drängt sich einem Besucher leider auf, ist nicht viel los. Flach und ruhig reiht sich Dorf an Dorf, bis man nach Gommern kommt. Und dann entdeckt man dieses Juwel: die Wasserburg zu Gommern.

Über eine Brücke gelangt man in einen wunderschönen Hof mit altem Baumbestand, der an heißen Sommertagen schattige Biererlebnisse verspricht. Die Brauerei ist zusammen mit dem Gasthof im rechten Flügel untergebracht, während sich das Hotel im Hauptgebäude neben dem markanten steinernen Turm der Anlage befindet.

Wie es sich für ein altes Gemäuer gehört, so blickt auch dieses auf eine wechselhafte Geschichte zurück. Bereits vor über 1.000 Jahren als Burg genutzt, wurde fast die komplette Anlage 1578 niedergerissen und als Jagdschloss für die Herrscher Sachsens danach neu aufgebaut.

Die folgenden Jahrhunderte wurde es sukzessive als Haftanstalt, als Sozialheim und – bis zur Wende 1989 – zur Berufsausbildung genutzt. Danach erfolgte die Privatisierung und mit ihr der Umbau zu einem Hotel-Restaurant mit Brauerei, was nach zehn Jahren aufgegeben wurde. Seit Ende 2008 ist die Brauerei wieder in Betrieb, gleichermaßen Hotel und Gaststätte, und das neue Konzept scheint zu funktionieren. Das Hotel legt seinen Schwerpunkt auf Romantik, Hochzeit und Flitterwochen, und da kann ein gutes Bier nicht schaden. Im Gasthof lässt sich das am besten überprüfen; es gibt aber auch einen Rampenverkauf für Fässer und Flaschenbiere.

 Produktion in Zahlen: Das Sudhaus produziert zehn Hektoliter pro Sud, der Ausstoß ist saisonal schwankend.

 Sorten: Das Gommeraner Burgbräu ist in Gold und Schwarz erhältlich, dazu als Starkbier der Gommerator und die Fassbrause Gommerlunder. Saisonal kommen Märzen, Maibock, Weizenbock, Summer Ale und Räuchermännchen-Rauchbier hinzu.

 Führungen/Veranstaltungen: Das Sudwerk ist gut einsehbar. Verschiedene Führungen sind buchbar, mit und ohne Bierdiplom und Verkostungen. Anmeldung erbeten.

Wer einen Besuch in den südlichen Harz plant, denkt dabei wohl an Schaubergwerke, Dampfloks, steile Felsen und lange Wanderungen. Was darüber hinaus auf jeden Fall einen Besuch wert ist, ist die mitten im Naturpark Südharz gelegene wunderschöne, geradezu luxuriös ausgestattete Erlebnisbrauerei: der Braune Hirsch in Sophienhof. Die Anfahrt von Nordhausen aus ist knifflig, aber nachdem man die letzten drei Kilometer auf der einspurigen Straße geschafft hat, steht man vor einem modernen Neubau, in dem Geschäftsführer und Braumeister Thomas Kuche sein Prachtstück von einer Kleinbrauerei untergebracht hat. Helle Räume mit viel Platz und Glas sowie ein großzügiger Außenbereich bieten reichlich Platz für die Menschenmengen, die hier während der Hochsaison einlaufen. Das Kupfersudwerk ist von Theke und Gastraum aus gut einsehbar, die größeren Tanks und das Malzlager verstecken sich hinter einer Wand beziehungsweise im Hintereingang zur Brauerei.

Die Biere sind bei den Touristen so begehrt, dass derzeit gut die Hälfte der Produktion am Tresen in Flaschen abgefüllt und als Souvenir mitgenommen wird, wobei Thomas Kuche Wert legt auf die Feststellung, dass er einen sehr hohen Anteil an Stammkunden hat, die gerne seine Biere vor Ort trinken oder als Mitbringsel zu schätzen wissen.

Die Küche ist typisch thüringisch rustikal und lecker, man kocht mit Bier und passend zum Bier. Beim Fleisch dominieren Schnitzel und Wild. Und wer länger bleiben möchte: Übernachtet werden kann in schönen, preiswerten Zimmern.

 Produktion in Zahlen: Mit dem Zehn-Hektoliter-Sudwerk wird zwei- bis dreimal im Monat gebraut.

 Sorten: Das klassische Brauhaus-Trio – Helles, ein Dunkles und Hefeweizen – wird natürlich angeboten. Braumeister Kuche wird in Zukunft noch weitere Biersorten und -stile ausprobieren.

 Führungen/Veranstaltungen: Wer mehr sehen möchte als die Sudanlage, sollte sich direkt vor Ort ans Personal wenden.

MUSEUMS- UND TRADITIONSBRAUEREI WIPPRA GEBR. GEHRING ///
BOTTCHENBACHSTRASSE 1 /// 06526 SANGERHAUSEN ///
03 47 75 / 2 13 13 /// WWW.WIPPRA-BIER.DE ///
WWW.BIERFLUESTERIN.DE ///

Es gibt in Deutschland Brauereien, die sind so weit weg von den Mechanismen der Bierindustrie und den blitzblanken Hightech-Bierfabriken, dass dem Bierfreund das Herz aufgeht, wenn er eine solche besucht. Besuchen setzt jedoch das Finden voraus, denn Wippra liegt nicht gerade an einer Hauptdurchgangsstraße. Weit weg von jeder Autobahn, im südlichen Harz, umgeben von dichten Wäldern und durchflossen von der Wipper, lohnt die Brauerei aber jeden Umweg.

Dr. Norbert Gehring und sein Bruder Dirk erwarben die alte Brauerei 2003, als sie eigentlich abgerissen werden sollte. Damit retteten sie eine Anlage, die es so nur noch sehr selten gibt. Das gemauerte Sudhaus mit kupferfarben bemalten Stahldeckeln aus DDR-Zeiten sieht bereits anachronistisch aus, doch wirklich besonders ist die komplett erhaltene Transmissionsanlage, die alle Rührwerke und die alte Schrotmühle mit Lederriemen antreibt! Umgeben ist diese Transmissionsanlage von einem kleinen Brauereimuseum. Im Gär- und Lagerbereich sowie der Füllerei geht es hingegen trotz offener Gärung moderner zu.

Beeindruckend sind die tiefen, alten, natürlichen Schieferkeller, in denen Biere vieler verschiedener, auch älterer Jahrgänge lagern und reifen. Es ist eine Freude, bei einer Führung die Begeisterung und den Stolz der Besitzer zu spüren. Und Eigentümergattin Kerstin Engel-Gehring kümmert sich als »Bierflüsterin« darum, die Wippraer Biere der Damenwelt nahezubringen.

 Produktion in Zahlen: Die Brauerei produziert etwa 2.700 Hektoliter im Jahr.

Sorten: Wippra braut eine große Bandbreite an Bieren: Pils, Kellerbier, Schwarzbier, Kupferbier, Dunkles, Festbier sowie Bockbier hell und dunkel. Saisonal gibt es ein Kickerbier und Osterbier. Ergänzt wird das Sortiment durch eine Edelbier-Reihe: Wippraer Cascade, Wippraer Opal und den Wipprator.

Führungen/Veranstaltungen: Das Angebot an Führungen, Braukursen und Verkostungen ist groß, diese sind dennoch schnell ausgebucht. Termine sind auf der Website zu finden.

BRAUKNECHT ODER BIERDIPLOM?

Hallesche Brauerei Kühler Brunnen, Halle (Saale)

Unter vielen schönen Gasthausbrauereien in Deutschland gibt es immer wieder auch solche mit dem Prädikat »besonders schön«. Dazu gehört seit 2005 auch die Brauerei Kühler Brunnen in Halle an der Saale.

Erbaut 1521, ist das Ensemble heute eines der bedeutendsten erhaltenen bürgerlichen Bauwerke der Renaissance nördlich der Alpen. Freiherr Hans von Schönitz, Finanzier und Bauverweser des mächtigen Kardinal Albrecht von Brandenburg, ließ das Palais zum »Zwecke der Muße und des leiblichen Wohles des Halle'schen Bürgertums« errichten. Leider zerbrach die Freundschaft zwischen Albrecht und Schönitz, der Freiherr endete am Galgen und das Palais wurde ein eher freudloser Ort. Mit der Gasthausbrauerei hat der Bau nun seine ursprüngliche, genussorientierte Bestimmung wiedergefunden. Der Altbau wurde modern, aber ansprechend ergänzt.

Innen sorgen viel Glas und helles Holz sowie eine offene Galerie im ersten Stock für eine freundliche Atmosphäre. Das schöne Sudhaus steht als Blickfang offen mitten im Gastraum.

Die Speisekarte bietet Deftiges, Saisonales sowie eine reiche Auswahl DER Halle'schen Spezialität schlechthin, dem Flammkuchen.

Wer länger verweilen möchte, kann sich einen außergewöhnlichen Arbeitstag lang als Brauknecht verdingen oder innerhalb von zwei Stunden ein Bierdiplom erwerben.

 Produktion in Zahlen: Das Sudwerk produziert zehn Hektoliter je Sud. Die Sudanzahl ist saisonal schwankend.

 Sorten: Hallsch (eine Art Kölsch aus Halle), ein Pils und ein Dunkles sind die Hauptsorten. Als Saisonbiere werden (Oktober-)Festbier und Hefeweizen gebraut.

 Führung/Veranstaltungen: Das Sudwerk steht mitten in der Gaststätte und ist gut einsehbar.
Veranstaltungen wie Bierdiplom oder Brauknecht finden regelmäßig statt, Voranmeldung erbeten.

MICHELS EICHSFELDER BRAUMANUFAKTUR E. K. /// OBERDORF 10 /// 99976 DÜNWALD/OT HÜPSTEDT /// 01 51 /21 15 74 26 /// WWW.MICHELS-BIER.DE ///

DER ERSTE BRAUER IN 900 JAHREN

Michels Eichsfelder Braumanufaktur, Dünwald

21

Das Eichsfeld ist eine Landschaft, die sicher nicht jedem ein Begriff ist, ob man nun Bierfreund ist oder nicht. Teile des südöstlichen Niedersachsens, des nordwestlichen Thüringens und des nordöstlichen Hessens, das Gebiet zwischen Harz und Werra, gehören dazu. Mittendrin liegt Dünwald, am Nordrand des Unstrut-Hainich-Kreises. Und ein Teil davon ist Hüpstedt. Hier spielt unsere Geschichte.

Die Gemeinde Hüpstedt wurde am 7. Dezember 1124 zum ersten Mal urkundlich erwähnt, ist also knapp 900 Jahre alt. Und noch niemals, weder in Hüpstedt noch in Dünwald, gab es je eine Brauerei! Ungewöhnlich, wenn nicht sogar extrem selten in Deutschland. Das nahe gelegene Nordhausen lässt stattdessen erhöhten Kornkonsum vermuten. Um dem Mangel an Brauereien abzuhelfen, gründete Michael Burkhardt 2013 die Braumanufaktur Michels.

Im Souterrain einer Gaststätte schuftet der junge, sympathische Mann seither als Einmannfirma beinahe rund um die Uhr, um sein Bier auch ohne Werbung, nur mit Mundpropaganda, bei den gut 2.300 Einwohnern des Ortes sowie im weiteren Umkreis bekannt zu machen. Er braut seine Biere, während er Flaschen etikettiert, füllt Flaschen und Fässer, reinigt und verkauft seine Biere und Liköre. Und es läuft gut für Michels Braumanufaktur. Wenngleich der Start eines solchen Projekts viel Idealismus erfordert, zeigt Burkhardts Erfolg, dass es sich lohnt, Neuland zu betreten.

 Produktion in Zahlen: Das Sudwerk mit 380 Litern läuft zwei- bis dreimal in der Woche. Burkhardt peilt 360 Hektoliter im Jahr an.

Sorten: Als Standardbiere bietet Michels ein Blondes, ein Dunkles, Oatmeal Stout und ein Pale Ale an. Saisonal kommen noch einige Bier dazu: 4-Korn, Maibock, Weiße, Summer Wheat Ale, Honey Ale, Pumpkin Ale, Smoked Porter und der Winterfreund. Ab und zu werden auch flaschengewordene Experimente angeboten, wie ein Weizenbock.

 Führungen/Veranstaltungen: Wenn der Braumeister da ist, zeigt er Interessierten gerne seine Brauerei. Am besten vorher anrufen.

FELDSCHLÖSSCHEN BRAUEREI GMBH /// BRAUEREISTRASSE 2 ///
46499 HAMMINKELN /// 0 28 52 / 9 13 20 ///
WWW.FELDSCHLOESSCHEN-BRAUEREI.DE ///

ES GEHT AUCH OHNE ALKOHOL
Feldschlösschen Brauerei, Hamminkeln

Am unteren Niederrhein, nah an Hollands Grenze, liegen Hamminkeln und die Feldschlösschen Brauerei, die älteste Brauerei am Niederrhein. Seit ihrer Gründung 1852 ist sie im Besitz der Familie Kloppert, inzwischen in der sechsten Generation.

Die Brauerei und ihr Konzept sind ungewöhnlich. Und sicher einmalig in Deutschland. Wilhelm Kloppert ist sehr stolz auf das, was er und seine neun Mitarbeiter produzieren: Malzbier. Und zwar ausschließlich alkoholfreie Malzbiere!

Natürlich nicht von Anfang an. Wie jede Brauerei braute Feldschlösschen jahrzehntelang ein Vollsortiment, mit und ohne Alkohol. Darunter eben auch Malzbier, welches immer beliebter wurde in der Region. Je härter der Preiskampf bei Alt und Pils wurde, desto mehr zog sich die Familie Kloppert in ihre Malzbiernische zurück. Bis 1980 die Entscheidung fiel, nur noch alkoholfrei zu produzieren. Und den Ruf des besten Malzbiers nicht nur zu verteidigen, sondern auszubauen.

Im Managerdeutsch nennt man so was »Kernkompetenz«. Und in Hamminkeln ist dies eben das Brauen von Malzbier. Nur das Brauen. Abgefüllt wird im nahen Wesel.

Aber so ganz hat Braumeister Wilhelm Kloppert die Lust am Bier *mit* Alkohol doch nicht verloren. Deswegen ist er seit 2013 in Sachen Entwicklungshilfe in der Volksrepublik China unterwegs. In einem Joint Venture mit der Weihaiwei-Brauerei werden Weißbier und Pils in China nach dem Reinheitsgebot produziert. Das Pils hört auf den schönen Namen *Ger'D*.

 Produktion in Zahlen: Mit einem 135-Hektoliter-Sudwerk werden etwa 30.000 Hektoliter/Jahr produziert.

 Sorten: Malzbier (Malztrunk) alkoholfrei & kalorienarm sowie Limonaden, Schorle und Mischgetränke auf Malzbasis.

 Führungen/Veranstaltungen: Bierseminar zu den Themen »Regionale, nationale und internationale Biere« und »Bier und Käse« auf Anfrage. Außerdem wird ein Braukurs angeboten: »brauFix®; mixt du noch oder braust du schon: Bierbrauen mit dem Thermomix«.

ISS WAS GAR IST

ALTE WEISHEITEN AUF BUNTER FASSADE: ZUM SCHLÜSSEL

DIE LÄNGSTE THEKE DER WELT
Düsseldorf

Altbier spaltet. In Altbier-Fans und Altbier-Hasser. Aber auch in Liebhaber eines persönlich bevorzugten Altbiers und gleichzeitig Verächter aller anderen …

Es ist eine uralte Biersorte. Obergärig, vergoren bei Temperaturen von 15 bis 20 Grad. Ein Bier, das schon vor Erfindung der Kältemaschinen auch im Sommer gebraut werden konnte. Einst im ganzen Nordwesten Deutschlands verbreitet, heute nur noch in Düsseldorf und Münster. In Düsseldorf erschafft das Altbier eine eigene Bier- und Brauereiszene. Ganz eigen, anders als anderswo.

Aber der Reihe nach. Beginnen wir einen Selbstversuch, der uns die Altbierszene erschließen soll, in der nächstgelegenen Kneipe. Die vorsichtige Frage an den Sitznachbarn an der Theke: »Was hältst 'n du von Düsseldorfer Altbier?« Ein Aufschrei der Empörung hallt durch den Schankraum. La Ola im Miniformat, die Ablehnung brandet von einer Wand des Raumes zur anderen. Mit Mühe kann ich mich durch Flucht retten. Selbst das Angebot einer Lokalrunde hätte nichts lindern können. Erste Lektion: In einer Kneipe in Köln sollte man nicht nach Düsseldorfer Alt fragen.

Also fahre ich nach Düsseldorf, um vor Ort weiterzuforschen. Erste Station: Die Brauerei Schumacher in der Oststraße. Die älteste der Düsseldorfer Hausbrauereien. 1838 von Joh. Matthias Schumacher gegründet. In den 80er-Jahren wurde die Brauerei modernisiert, Ende der 90er-Jahre die Gaststätte, das sogenannte Stammhaus. Bei beiden Maßnahmen wurde zum Glück sorgfältig darauf geachtet, die historische Substanz nicht zu verändern, und so hat man auch heute noch das Gefühl, in eine uralte Gaststätte einzukehren, die den Geist des letzten und vorletzten Jahrhunderts bewahren konnte. »Deine Meinung zu Düsseldorfer Altbier?«, beginne ich vorsichtig das Gespräch mit dem Banknachbarn. »Nur Schumacher, alles andere kannste nich' trinken!«, lautet die Antwort. Polarisierung also auch hier. Altbier wird traditionell in kleinen, gedrungenen und zylinderförmigen 200-Milliliter-Gläsern serviert. So auch das Schumacher Alt.

Alternativ gibt es noch das 1838er – ein Bier, das zum 175-jährigen Jubiläum der Brauerei eingebraut wurde. Etwas kräftiger, etwas malziger, runder und süffiger. Aber trotzdem typisch Schumacher. Als dritte Biersorte wird das Latzenbier angeboten. Das allerdings nur dreimal im Jahr, jeweils am dritten Donnerstag der Monate März, September und November.

Die nächste Station: Die Brauerei Zum Uerige braut seit 1862. Sie ist in der Düsseldorfer Fußgängerzone gelegen. Berühmt für das, abgesehen von Nischenprodukten, angeblich bitterste Bier Deutschlands. Und in der Tat: Das Uerige ist knackig herb. Dabei aber sauber, weich, nicht kratzig. Macht Durst auf mehr. Und wem das nicht so behagt, der kann auf das mildere Weizen ausweichen, das bei Uerige seit 1995 gebraut wird. Auch hier serviert man Spezialitäten, und zwar das Sticke, das jeweils am dritten Dienstag im Januar und Oktober ausgeschenkt wird. Die Düsseldorfer Brauereien haben offensichtlich trotz aller Unterschiede eines gemeinsam: Das Faible für seltsame Ausschank-Daten ihrer Spezialbiere. Mehr Malz, noch mehr Hopfen. Und im Ergebnis ein extrem kräftiges, selbstbewusstes Bier. Grandios. Der Vollständigkeit halber noch zu erwähnen: das Doppelsticke, das seit 2005 vorwiegend für den amerikanischen Markt gebraut wird. Gewaltige Hopfenmengen, viel Malz, der Brauer spart nur an einem: am Wasser. Mit viel Glück bekommt man auch mal vor Ort in der Brauerei eine Flasche dieser Rarität, aber das meiste ist in der Tat für den Export bestimmt. Frage an den Tischnachbarn: »Kann man auch andere Altbiere als das Uerige ...?« Er lässt mich nicht ausreden, sondern schneidet mir mit einem knappen »Nein!« das Wort ab. Aha!

Weiter geht's, zur Hausbrauerei Zum Schlüssel. Seit 1850. Nur wenige Schritte Fußweg entfernt. Das Bier ist etwas heller als die Produkte der zuvor besuchten Brauereien, auch leicht süßlicher. Aber vielleicht gerade dadurch noch süffiger? Ich bin mir nicht sicher, frage am Nachbartisch. »Na klar! Es gibt überhaupt nur ein gutes Altbier. Dieses!« Ich hätte mir die Antwort eigentlich denken können. Die Atmosphäre ist hervorragend, das Bestellen sehr einfach, da es nur diese eine Biersorte gibt, und an der hinteren Stirnwand lockt das in immer neuen, beinahe psychedelisch wirkenden Farben illuminierte Sudwerk. Der Name »Schlüssel« geht auf den mittelalterlichen Brauch zurück, dass der Schlüssel zum Stadttor nachts in der nächstgelegenen Wirtschaft aufbewahrt wurde. So offensichtlich auch hier.

Erneut nur ein paar Schritte weiter, und immer noch innerhalb der Düsseldorfer Altstadt. Die Brauerei Im Füchschen. 1848 gegründet. Ein Schankraum mit wunderschönen Fliesen, die einem das Gefühl vermitteln, dass sie schon von Anfang an hier hängen. Tun sie natürlich nicht, aber schön sind sie trotzdem. Hier ist das Altbier wieder dunkel, sanft rötlich schimmernd steht es im Glas. Malzig, etwas weniger herb als andernorts. Fast schon ein Damenbier ob seiner Restsüße?

Der Silberfuchs des Füchschens, ein fruchtiges und rundes Weizenbier, bietet eine ausgezeichnete Alternative zum Altbier, und anlässlich des Weihnachtsfestes wird eine stärker eingebraute Version des Altbiers angeboten, das Weihnachtsbier. Nicht ganz so restriktiv im Ausschank, sondern ab St. Martin durchgängig erhältlich, solange der Vorrat reicht. Mit ein wenig Glück sogar bis Weihnachten.

Neben diesen vier alteingesessenen Düsseldorfer Hausbrauereien hat sich neuerdings auch ein junger Wilder hier niedergelassen – die Brauerei Kürzer. Was niemand in Düsseldorf für möglich gehalten hätte – nämlich dass es mitten in der Altstadt gelingt, sich zwischen die etablierten Platzhirsche zu drängen –, hat diese Brauerei seit 2011 geschafft. Ein völlig neuartiges Konzept. Keine klassische Brauhausgemütlichkeit, keine kupfernen Braukessel, keine blauberockten Köbesse (so nennt man in den klassischen Bierlokalen des Rheinlands die Bierkellner). Stattdessen eher eine Szenekneipe mit eigenem Sudwerk aus Edelstahl. Klein, aber fein. Auf der Theke ein von innen gekühlter Stahlkegel, über den das Bier beim Zapfen fließt. Eine besondere Form der Durchlaufkühlung. Und das Bier? Völlig anders. In völligem Widerspruch zu den übrigen Altbieren. Was bei Kürzer als Altbier verkauft wird, erinnert geschmacklich an ein belgisches Special Ale, fruchtig, vollmundig, fast schon süßlich, sehr komplex. Eine ganz neue Geschmackswelt. Hervorragend, aber alle Prinzipien infrage stellend. Es gehört schon eine große Portion Weltoffenheit dazu, dieses – leckere! – Bier in Düsseldorf, der Stadt des

Altbiers, zu akzeptieren. Und so fällt die Antwort zum ersten Mal nicht wie gewohnt aus: »Klar. Ist gut hier. Aber völlig anders.« Ab und zu muss man auch mal ein klassisches Alt bei den Alteingesessenen trinken, und dann kommt man wieder hierher. Die junge Generation verbindet!

Der Vollständigkeit halber wären noch drei weitere Düsseldorfer Brauereien zu erwähnen. Die Brauerei Schlösser. Zur Radeberger Gruppe gehörend, ein Industriebetrieb, keine Hausbrauerei. Die Hausbrauereien Gulasch-Bräu und Brauhaus Joh. Albrecht. Beide sind auf der »falschen« Rheinseite gelegen, in Oberkassel, und bieten damit viel Potenzial zur Ablehnung bei den Ur-Düsseldorfern. Aber heimlich kann man da durchaus mal hin. Beide zeichnen sich durch gutes Bier und gute Küche in ihrem jeweiligen eigenen Stil aus.

Fazit: Düsseldorfs Altbier ist fantastisch. Aber es schmeckt in jeder Brauerei anders. Die Stammgäste lassen nichts auf ihr Bier kommen; die Touristen besuchen die Brauereien lieber der Reihe nach. Wenn sie denn alle schaffen und nicht unterwegs stranden. Letzteres passiert insbesondere dann, wenn sie, also die Touristen, versuchen, auch die Gasthäuser abzuarbeiten, die das Wort »Brauerei« nur noch im Namen tragen, aber in Wirklichkeit gar nicht mehr brauen, wie, um nur ein Beispiel zu nennen, die Brauerei Zum Schiffchen.

Von Volker Quante

Der Gastautor: Volker R. Quante ist ein extrem aktiver Reisender in Sachen Bier.

Seit über zehn Jahren ist er in der Bierszene Deutschlands und Europas unterwegs und dabei immer auf der Suche nach Biererlebnissen und dem Bier vor Ort: Brauereien, Hausbrauwettbewerbe, Spezial-Bier-Bars, Bierfachgeschäfte, Biergärten, Bierveranstaltungen. Aber immer gilt: Klasse statt Masse. Lieber ein kleines gutes Bier am Tag, als vier oder fünf große mittelmäßige. Dem Geschmack zuliebe. Und der Gesundheit … Das Neueste von ihm ist stets zu lesen unter http://blog.brunnenbraeu.eu

Als die Brauerei Vormann 1877 gegründet wurde, hatte die Klein-stadt Hagen knapp 25.000 Einwohner und stand am Anfang eines rasanten Wachstums. 100 Jahre später sollten es zehnmal so viele sein, mit weiteren Millionen Menschen im direkten Umfeld, während die Brauerei in Hagen-Dahl klein und beschaulich geblieben ist, und der Chef Christian Vormann noch selbst am Braukessel steht. Klein zu sein ist aber kein Nachteil für Vormann. Er braut anerkanntermaßen mit die besten Biere in dieser bevölkerungsreichsten Region Deutsch-lands, die ansonsten weitgehend von nichtssagenden Industriebieren aus dem benachbarten Sauerland überschwemmt wird.

Schöne historische Gebäude mit Brauereiausschank, Biergarten und guter, bürgerlicher Küche lohnen alleine schon die Fahrt dorthin. Für Reisende auf der *Route der Industriekultur*, einer touristischen Themenstraße des Ruhrgebiets (www.route-industriekultur.de), ist ein Halt bei Vormann Pflicht, denn die Brauerei ist Teil der Route.

Und da nicht zu große, aber gut ausgestattete Handwerksbraue-reien Wanderbrauer magisch anzuziehen scheinen, dürfen auch bei Vormann einige Brauer dieser Spezies brauen. Biere von Ale-Mania, der Prototyp von Kehrwieder aus Hamburg oder das Pumpernickel Porter von Gruthaus aus Münster haben in Hagen-Dahl in größerem Maßstab das Licht der Welt erblickt. Der Kreativbrauer Sebastian Sauer braut seit seinem Ausstieg bei Helios in Köln sogar den größten Teil seiner großartigen Freigeist-Bierkultur- und Monarchy-Biere hier.

 Produktion in Zahlen: Vormann braut im Jahr etwa 4.500 Hekto-liter.

 Sorten: Für eine Brauerei am Rande des Ruhrgebiets führt Vor-mann ein ungewöhnliches Sortiment aus Alt (!), Pils, Sauerlän-der Weizenbier (hell und dunkel), Malzbier, Rotgold, Vorder (ein Bier nur aus der kräftig-süßen Vorderwürze!), Doppelbock, Urbräu, Volmetaler Pils sowie Biermischungen.

 Führungen/Veranstaltungen: Gruppenführungen gibt es zum Pau-schalpreis. Details bitte vor Ort erfragen.

HELIOS-BRAUSTELLE /// CHRISTIANSTRASSE 2 /// 50825 KÖLN ///
02 21 / 2 85 69 32 /// WWW.BRAUSTELLE.COM ///

SEHR KLEIN UND SEHR INNOVATIV
Helios-Braustelle, Köln

24

Wenn eine Brauerei in Köln gesonderte Betrachtung verdient, dann die Helios-Braustelle in Köln-Ehrenfeld. Und zwar nicht nur weil dort meist kein Kölsch gebraut wird, sondern weil sie sich ab 2001 zur Keimzelle der kreativsten Brauer der Republik entwickelt hatte. In Person von Sebastian Sauer und Peter Esser. Bis zum Spätsommer 2015 wurden dort von den beiden großartige bis verrückte Biere gebraut, die es auf vielen Craftbierfesten zu verkosten gab. Wer sonst traute sich an eine Quittengose oder ein Sauerbier mit Rhabarber? Bier mit Hibiskusblüten? Im August 2015 trennten sich ihre Wege; Peter Esser braut nunmehr alleine weiter bei Helios, nicht minder kreativ, während Sebastian Sauer mit seinen Marken Freigeist Bierkultur und Monarchy als Wanderbrauer unterwegs ist.

Wenn man in Köln ist, darf man sich die Braustelle keinesfalls entgehen lassen. Einfach eingerichtet, mit einer kleinen, zweckmäßigen Sudanlage. Groß ist die Auswahl, verführerisch die Namen: Pink Panther, Schwarze Sieben, Methusalem, Crazy Ryeder, Helios (die Urform des Kölsch!), Ehrenfelder Alt (in Köln!), Rastafari, Schottenrock, Wilde Wutz 2014 und vieles mehr

Die Küche ist genauso originell wie die Biere. Und ebenso schmackhaft. Brot, Spätzle und Semmelknödel werden täglich frisch hergestellt. Es gibt Treberbrot, Biergulasch und Schnitzel mit Weizenmalzpanade. Auf der Website wird ausdrücklich auf die Nichtexistenz von Fritteuse und Mikrowelle hingewiesen.

 Produktion in Zahlen: Vor Ort werden pro Jahr etwa 500 Hektoliter hergestellt.

Sorten: Aus acht Zapfhähnen laufen Helios Kölsch, Ehrenfelder Alt, Pink Panther, Helios Weizen, Emmer Gose, Colonia Brown Ale, Einkorn Gose und Cherry Lady. Dazu immer neue Flaschenbiere wie Tripelbock oder Schwarze Sieben.

Führungen/Veranstaltungen: Anschauen kann man die Brauerei jederzeit. Führungen ab acht Personen. Ein- bis zweimal im Monat findet ein Brauseminar statt (Voranmeldung erbeten).

ALE-MANIA /// BIERSMARCK GMBH /// ALAUNBACHWEG 10 ///
53229 BONN /// WWW.ALE-MANIA.DE ///

DAS ENDE DES WANDERBRAUERS
Ale-Mania, Bonn

25

Fritz Wülfing ist eine Ikone der deutschen Craftbier-Szene. Ein Mensch, den einfach jeder mag. Ob aufgrund seines freundlichen, ausgeglichenen Wesens oder wegen seiner tollen Biere, das ist eigentlich egal.

Sechs lange – in seinen Augen zu lange – Jahre war Wülfing als Wanderbrauer unterwegs, hat seine Biere in Brauereien in Siegburg oder im Ruhrgebiet gebraut. Zuerst als »Fritz-Ale«, später dann, nach einem Disput um die »Fritz«-Rechte mit der gleichnamigen Cola- und Limonadenfirma (wobei die Sympathien im Netz eindeutig auf Wülfings Seite waren), als »Ale-Mania«.

Unverdrossen braut er Ale, India Pale Ale, Kölsch und andere Köstlichkeiten für die durstige, ständig wachsende Craftbier-Gemeinde als Einmannbetrieb und -vertrieb.

Wülfing traute sich als Erster in Deutschland, Craftbier in Dosen zu füllen (»Gose in der Dose«), auch hier in strenger Handarbeit.

Doch nun ist das unstete Brauerleben zu Ende. Wülfing hat einen Partner gefunden, zur strategischen, finanziellen und juristischen Unterstützung. Mit dessen Hilfe baute er im Herbst 2015 in einer Halle in Bonn seine eigene Brauerei auf. Beim Brauen lässt er sich aber nicht reinreden.

Die Brauerei läuft seit Ende 2015 in voller Produktion und ist einen Abstecher wert. Fritz Wülfing heißt jeden Besucher herzlich willkommen und teilt gerne seine Leidenschaft für gutes, handgemachtes Bier mit jedem interessierten Bierfreund.

 Produktionsdaten: Aufgrund des kurzen Bestehens der Brauerei gibt es noch keine präzisen Zahlen.

 Sorten: Derzeit besteht das Sortiment aus India Pale Ale, Gose, Golden Ale, Milk Stout, Session IPA, Belgian IPA, Scottish Ale und Saison Ale.

 Führungen/Veranstaltungen: An Führungen kann zu den auf der Website ersichtlichen Öffnungszeiten teilgenommen werden.

GEDIEGENE KÖLNER SUDHAUS-ÄSTETHIK (BRAUEREI SÜNNER)

DRINKSTE EINE MET?
(TRINKST DU EINEN MIT?)
Köln

An dieser Stelle widmen wir uns den traditionellen Brauereien, die Kölsch brauen. Kölsch ist etwas Besonderes: ein Bierstil, der einer einzigen Stadt zugeordnet ist; ein Bier, dessen Herstellung durch ein eigenes Gesetz, die sogenannte »Kölsch-Konvention« von 1985 geregelt ist; außerdem ist Kölsch seit 1997 von der EU als geschützte regionale Spezialität anerkannt und somit das erste alkoholische Getränk mit EU-beeideter Inhalts-, Herstellungs- und Herkunftsgarantie. Aber neben allen Formalitäten ist Kölsch auch Teil einer Lebenseinstellung. Und einer alten Rivalität mit Düsseldorf wegen dessen Altbier.

Doch vorab ein paar Worte zur »Kölsch-Kultur«. Denn Kölsch ist anders, nicht nur weil es neben Weißbier, Altbier und Berliner Weiße das einzige obergärige Bier ist, das in Deutschland überlebt hat – wenn auch nur in einer Nische. Es gibt noch ein paar andere Dinge, die außergewöhnlich sind und die man als Nicht-Kölner wissen sollte, bevor man sich in einem Kölsch-Lokal niederlässt. Es existiert ein eigenes Kölsch-Glas: ein schlankes, zylindrisches, relativ dünnwandiges Behältnis, in das in der Regel »nur« 0,2 Liter passen. Offiziell heißt es »Stange«, Spötter nennen es auch »Reagenzglas«. Die geringe Größe passt jedoch zum Bier, denn Kölsch wird schnell schal und verliert, in größeren Portionen gezapft, rasch Geschmack und Schaumkrone. Obwohl viele Gastronomen gerne größere Gläser verwenden würden – einige tun es sogar –, sollte man definitiv die Original-Stange verlangen. Und nicht zu kalt, denn Kölsch schmeckt am besten bei acht bis zehn Grad Schanktemperatur.

Serviert wird Kölsch vom »Köbes«. Der trägt statt eines normalen Tabletts einen »Kranz«, eine Art rundes Tablett mit zwei Tragegriffen und Platz für bis zu 18 Gläsern. Der bisweilen sehr direkte Charme, gemischt mit Kölner Humor und dem fröhlichen Singsang-Dialekt, tut das Seine, sich an einem besonderen Ort zu fühlen.

Der Bierzapfer ist der »Zappes«, wobei die traditionelle Zapferei aus dem Holzfass heute eher die Ausnahme ist. Und sehr wichtig: Die Gläser werden, wenn leer getrunken, so lange ungefragt durch volle ersetzt, bis man einen Bierdeckel auf das Glas legt oder um die Rechnung bittet. Es ist nicht üblich, nach jedem Kölsch gleich zu bezahlen.

Als Kölsch-Brauer firmieren derzeit die Brauerei Heller, die Brauerei Päffgen, die Brauerei zur Malzmühle, der Cölner Hofbräu P. Josef Früh, die Erzquell Brauerei Bielstein (außerhalb von Köln im Bergischen Land gelegen), die Gebr. Sünner, das Hüchelner Urstoff Brauhaus, die Privatbrauerei Bischoff, die Privatbrauerei Gaffel, die Privatbrauerei Heinrich Reissdorf, das Brauhaus Weiß sowie die große Radeberger Gruppe (Haus Kölscher Brautradition) mit den Marken Gilden, Sion, Dom Kölsch, Rats, Geisler, Grenadier, Hansa, Küppers, Sester, Ganser und Peters.

Wobei die drei Marken Früh, Reissdorf und Gaffel über 60 Prozent der gesamten Kölsch-Jahresproduktion von etwa 2,2 Millionen Hektoliter erzeugen. Die Kölner Brauereien Helios/Freigeist und Heller finden Sie übrigens auf den Seiten 79 und 104.

Am interessantesten für den Reisenden in Sachen Bier sind die linksrheinischen Kölsch-Brauer innerhalb des Altstadtrings. Rund um den Dom, in einem Radius von anderthalb bis zwei Kilometern, wird man schnell fündig.

Die Brauerei Päffgen, in der Nähe des Rings gelegen, ist die älteste »Hausbrauerei« Kölns. Ein Besuch bei ihr fühlt sich wie eine kleine Zeitreise an. Brauerei, Brauhaus und Biergarten bilden eine Einheit. Die größeren und kleinen Räume haben originelle Namen wie »Aula«, »Sälchen« und »Kabäuschen«. Außerdem gibt es einen zentralen »Beichtstuhl« – anderswo würde man es Rezeption nennen. Wie in einem Kontor aus dem 19. Jahrhundert sitzt dort ein »Beichtvater«, der alles überblickt, Quittungen ausstellt, Reservierungen annimmt und Gästefragen beantwortet. Die Speisekarte ist kurz, kölsch und deftig: Halver Hahn, Röggelchen, Bratwurst, Bierhaxe. Als Bier gibt es Kölsch. Vom Fass. Eine Sorte. Das genügt.

Etwas weiter südlich und näher am Rhein steht die Brauerei zur Malzmühle. Eine traditionelle Kölsch-Brauerei und Gaststätte am Kölner Heumarkt. Sie wird dort seit 1858 und derzeit in fünfter

Generation von der Familie Schwartz geführt. Das bauliche Ensemble besteht aus der aktuellen Brauerei, dem alten Brauhaus zur Malzmühle, dem Höhnerstall – einer Eventhalle inklusive Gastronomiebetrieb mit einer Dauerausstellung der Kölner Band Höhner – sowie dem Hotel Zur Malzmühle. Ähnlich wie bei Päffgen kann man hier in die Vergangenheit Eintauchen und einen Beichtstuhl bewundern. Oder man kann sich ins Gästebuch eintragen, in dem sich schon Bill Clinton verewigt hat, als er 1999 auf einen Sauerbraten in die Malzmühle einkehrte. Die Speisekarte ist etwas größer als bei Päffgen, aber ebenfalls deftig und kölnisch. Ende 2015 wurde mit der MühlenBar ein Craftbier-Tempel eröffnet, in dem neben mehr als 50 Sorten Bier sogar Bier-Cocktails auf der Karte stehen. Die Malzmühle braut inzwischen ebenfalls extravagantere Biere, wie zum Beispiel das Gourmetbier Von Mühlen, das mit Champagnerhefe vergoren wird.

Weiter geht es zu Früh am Dom. Bis 1987 wurde dort gebraut, dann zog die Bierproduktion um in den Norden Kölns, nach Feldkassel. Die alte Braustätte ist so, wie man sich als auswärtiger Besucher Köln und Kölsch gerne vorstellt. Eine Touristenschwemme. Eine Art Hofbräuhaus in Köln, nur kleiner und mit besserem Bier. Klischees, sicher, aber mit der richtigen Gesellschaft lassen sich hier ein paar wunderbare Stunden erleben.

Am südlichen Abschnitt des Altstadtrings befindet sich noch ein eher Köln-untypisches Brauhaus. Im Brauhaus Weiß wird nicht nur buchstäblich Weißbier gebraut, sondern auch Wiess, der historische Vorläufer des Kölsch. Der größte Unterschied zum Kölsch ist, dass Wiess trüb und unfiltriert auf den Tisch kommt. Dazu gibt es klassische Brauhausküche, saisonal Wild.

Wir verlassen nun die Altstadt und fahren über den Rhein. Die Brauerei und Brennerei Sünner in der Kalker Hauptstraße ist unser Ziel. Seit 1830 im Familienbesitz und somit die älteste aller Kölsch-Brauereien. Hinter der schönen historischen Fassade verbirgt sich ein barock anmutendes Kupfersudwerk ebenso wie eine moderne Flaschenfüllerei. Sünner braut nicht nur Kölsch, sondern auch Lager und Weizenbier. Und füllt Wasser ab. Kölsches Wasser, nicht zu verwechseln mit dem Parfum *4711 Kölnisch Wasser*. Neben der Brauerei liegt ein schöner Biergarten sowie der Sünner-Keller, in dem von der Mettwurst über Burritos, vom Salat bis zum Rumpsteak wohl für jeden Gaumen etwas dabei ist.

In der anderen Richtung raus aus Köln, im westlichen Vorort Frechen, befindet sich Das Urstoff – Brauhaus und Biergarten. Junges Publikum kommt hier auf seine Kosten. Im Restaurant oder bei einem der vielen Events das ganze Jahr über bieten sich reichlich Gelegenheiten, den Brauhaus-Urstoff oder das ebenfalls hauseigene Kölsch zu erkunden.

Weiter unten, im Südwesten, liegt die Brauerei Bischoff. Brühl ist ja eher durch das Phantasialand bekannt, kann jedoch auch gutes Bier. Bischoff ist einer der kleinsten Kölsch-Produzenten – circa 1.000 Hektoliter pro Jahr –, und auf den Brauterrassen oder in der Brauhaus-Gaststätte am Rande von Eifel und Rheintal spürt man die großstädtische Hektik nicht mehr. Man genießt das Ambiente und freut sich auf ein leckeres Kölsch.

Der Vollständigkeit halber seien noch einmal die Brauereien Reissdorf (Rodenkirchen), Gaffel (produziert in Köln, füllt aber in Krefeld und Korschenbroich ab) und der Getränkekonzern Radeberger genannt, deren Braustätten für Besucher uninteressant beziehungsweise nicht zugänglich sind. Deren Biere findet man in der normalen Gastronomie und auf dem Kölner Brauhauswanderweg. Dieser ist ein beschilderter Fußweg, der zu folgenden historischen Bier- und Brauhäusern führt: Brauhaus Sion, Brauhaus Gaffel am Dom (im Deichmannhaus), Brauhaus Früh am Dom, Peters Brauhaus, Gaffel Haus, Haxenhaus zum Rheingarten, Brauhaus Sünner im Walfisch, Bierhaus en d'r Salzgass, Brauhaus Gilden im Zims; er endet beim Brauhaus zur Malzmühle am Heumarkt. Auch sonstige Sehenswürdigkeiten werden nicht außer Acht gelassen. Wer Zeit dazu hat und wer wirklich alles sehen und kosten möchte, sollte den Brauhauswanderweg unbedingt mit einplanen. Der Tourismus Köln bietet auch geführte Wanderungen an.

Wohl keine Brauerei der ehemaligen DDR hat nach der Wiedervereinigung solche Schlagzeilen gemacht. Fast 500 Jahre lang war in Neuzelle vor DDR-Zeiten schon gebraut worden. Auch hier gab es erst die übliche Enteignung mit Namensänderung (der Begriff »Kloster« wurde entfernt), dann 1992 die Reprivatisierung. Ein Jahr später begann ein langer Rechtsstreit mit dem Deutschen Brauerbund beziehungsweise der Brandenburgischen Landesregierung, weil das alte Rezept der untergärigen Hauptsorte Schwarzer Abt Invertzucker enthält, der so im nun auch in den neuen Bundesländern gültigen Reinheitsgebot nicht vorgesehen ist. Eine jahrelange, öffentliche Auseinandersetzung folgte – der »Brandenburger Bierkrieg« –, aus dem die Brauerei 2005 als Sieger hervorging. Der zuständige Richter am Bundesverwaltungsgericht, Hans-Joachim Driehaus, schloss die Verhandlung mit den Worten: »Der Schwarze Abt ist ein besonderes Bier. Er darf gebraut und auch unter dem Namen ›Bier‹ verkauft werden. Wir wünschen weiterhin viel Genuss beim Trinken.«

Eine Besichtigung der Neuzeller Brauerei ist ein Erlebnis der besonderen Art. Alte MG-Einschüsse in den Ziegelmauern, eine riemengetriebene Schroterei und eine von Papst Franziskus geweihte und signierte Flasche Schwarzer Abt, die eingeschweißt in Plexiglas über der Maischepfanne hängt und bei jedem Sud zu Wasser gelassen wird, sind die Highlights.

 Produktion in Zahlen: Die Brauerei produziert etwa 40.000 Hektoliter im Jahr.

 Sorten: Zu viele, um alle zu nennen. Hervorzuheben sind der Schwarze Abt, Pilsner, Bock und Porter. Weiterhin gibt es Reihen mit diversen Wellness-Bieren, avantgardistischen Bieren (zum Beispiel Spargelbier), UrCraft-Bieren, handgemachten Bieren (zum Beispiel Badebier oder Kirsch Royal) und Schatzkammer-Bieren (zum Beispiel Kyritzer Mord & Totschlag).

 Führungen/Veranstaltungen: ohne Anmeldung täglich um 13 Uhr, mit Anmeldung viermal täglich

DIE LEIPZIGER GOSE-ZENTRALE

Bayerischer Bahnhof, Leipzig

Die Gose (siehe auch Brauhaus Goslar, S. 55) ist der Legende nach im 18. Jahrhundert von Goslar nach Leipzig gekommen und wurde dort bis 1966 produziert. Danach wurde die Herstellung von Gose in Leipzig mangels Nachfrage eingestellt. In den letzten 20 Jahren fand dieser ungewöhnliche Bierstil zusehends wieder mehr Liebhaber und so wird, neben der legendären Gosenschänke *Ohne Bedenken*, seit 2000 im Bayerischen Bahnhof in Leipzig Gose ausgeschenkt – und dort auch selbst gebraut.

Das imposante Gebäude steht neben einem vierbogigen, ebenso schönen Portikus und war bis zu seiner Schließung im Jahr 2001 der älteste noch in Betrieb befindliche Kopfbahnhof Deutschlands. Heute dient er – untertunnelt – als Bahnstation des Leipziger Verkehrsverbunds. Im westlichen Teil des Gebäudes ist die Gasthausbrauerei Bayerischer Bahnhof untergebracht.

Diese ist optisch sehr ansprechend und großzügig angelegt: Eine Säulenhalle im Eingangsbereich, ein Schalander, ein Salon, eine Gosestube, das gut einsehbare Kupfersudwerk im Arkadenbereich, eine »Schalterhalle« sowie ein Biergarten lassen keine Bierwünsche offen. Die Speisekarte bietet moderne, urbane Menüs ebenso wie deftig Rustikales.

Im Shop kann die Gose auch zum Mitnehmen erworben werden, entweder in einer großen Siphonflasche oder einer klassisch-eleganten, langhalsigen Goseflasche.

Produktion in Zahlen: Mit dem Zehn-Hektoliter-Sudwerk werden pro Woche zwei bis drei Sude gebraut.

Sorten: Gose wird natürlich in vielerlei Varianten angeboten (pur, als Radler, mit Waldmeister- oder Himbeersirup oder, für Experten, mit Kümmel- oder Kirschlikör). Als Alternativen stehen Pils, Weizenbier und Schwarzbier auf der Karte.

Führungen/Veranstaltungen: Die Sudanlage ist gut einsehbar. Wem das nicht ausreicht, der sollte vor Ort nachfragen. Regelmäßig werden Brauseminare veranstaltet. Meist sind sie schnell ausgebucht, daher rechtzeitig reservieren.

LANDSKRON BRAUMANUFAKTUR GÖRLITZ ///
AN DER LANDSKRONBRAUEREI 116 /// 02826 GÖRLITZ ///
0 35 81 / 46 50 /// WWW.LANDSKRON.DE ///

Die östlichste Stadt Deutschlands beherbergt auch die östlichste Brauerei (wenn man von einer Hausbrauerei einige Meter weiter absieht). Deren wechselvolle Geschichte in 150 Jahren – als Familienunternehmen durch zwei Weltkriege manövriert, 1972 in der DDR verstaatlicht, 1992 der alten Besitzerfamilie zurückübereignet –, ist typisch für viele Brauereien im Osten Deutschlands. Auch die Rückkehr zum »guten, alten Reinheitsgebot«, das in der DDR nicht galt, ist eine Erwähnung wert. Kurz war die Brauerei in Konzernbesitz (ab 2003), bis sie 2006 von dem Wuppertaler Unternehmerehepaar Lohbeck in eine Familienstiftung überführt wurde. Ein Gang durch die Braumanufaktur ähnelt einer Zeitreise. Das Gelände der Brauerei ist in den Kriegen zum Glück weitgehend unversehrt geblieben und wurde 1981 unter Denkmalschutz gestellt. Klassische Industriearchitektur, eindrucksvolle Ziegelbauten, zwölf Meter tiefe, labyrinthische Keller voller Tanks. Bei der Technik existiert Alt neben Neu. Kupfer neben Edelstahl. Die leider selten gewordenen offenen Gärbottiche, in denen das Jungbier schäumend steht, sind spektakulär. Durch den hohen Handarbeitsanteil beschäftigt die Brauerei mehr Personal als vergleichbar große, modernere Betriebe. Und jüngere dazu. Was in einer strukturschwachen, überalterten Region wie Görlitz gerne gesehen wird.

 Produktion in Zahlen: Der Jahresausstoß beträgt etwa 160.000 Hektoliter.

 Sorten: Pils, Helles, Extra-Herb, Export, Kellerbier, Weizen, Bock, Festbier, Radler, Alkoholfrei. Auch ein Schwarzes (Pupes-Schultzes) und Fassbrause sind im Angebot. Seit drei Jahren erscheint eine Craftbier-Edition mit holzfassgereiften Bieren mit Whisky- oder Ouzoaromen oder Kaffee.

 Führungen/Veranstaltungen: Besichtigungen mit unterschiedlichem Schwerpunkt (Braumeister-, Kellermeister-, Bierfiedler-Tour), zu erfahren auf der Website oder bei der Brauerei direkt. Einmal jährlich lädt die Brauerei zum Braufest.

Braumeister und Biersommelier Michael Friedrich treibt sich in Sachen Bierbrauen schon länger in Chemnitz herum und ist dort längst eine Institution. Wie eine Raupe sich verpuppt und sich in einen Schmetterling verwandelt, so hat auch Friedrich schon des Öfteren Braustelle und Namen gewechselt, um auf ein höheres Niveau zu gelangen. Angefangen hat alles 1996 mit der Kneipe Sudhaus, ein Jahr später kam Friedrichs Brauhaus dazu. Beide Braustätten liefen bis 2001 parallel, dann wurde Erstere geschlossen. 2005 wurde aus Friedrichs Brauhaus als Reminiszenz an den Namensgeber der Stadt während DDR-Zeiten Karls Brauhaus, welches viele Jahre erfolgreich lief. 2015 wurde der Mietvertrag nicht verlängert und die nächste Metamorphose stand an. Das neue Projekt war wieder etwas ambitionierter als die vorherigen: Friedrich eröffnete die Stonewood Braumanufaktur und zog in die Gebäude der alten, einst stattlichen Germania-Brauerei, die seit 1978 leer standen. Vorerst nur in eine Halle und einen Lagerraum im Keller. Das alte aus Karls Brauhaus stammende Sudwerk soll baldmöglichst durch ein größeres ersetzt werden. Die riesigen, leer stehenden Keller und weitere alte Produktionsgebäude sollen sukzessive, wie es der Erfolg der Brauerei erlaubt, renoviert und genutzt werden. Ein spannendes Projekt, das auf viele Jahre hinaus Begeisterung verspricht – und auch verlangt.

 Produktion in Zahlen: Vorläufig wird mit dem alten Fünf-Hektoliter-Sudwerk produziert. Zahlen liegen noch keine vor, weil Stonewood erst seit Oktober 2015 produziert.

 Sorten: Geplant ist die ganze Palette moderner und klassischer Bierstile, wie Pale Ale, Dry Stout, Imperial Stout, Russian Imperial Stout, India Pale Ale, Porter, Baltic Porter, Old Ale, Strong Ale Belgian Style, Sour Ale, Witbeer, Grutbier, Weizenbier, Altbier, Braunbier, holzfassgereifte Biere, Fruitbeer, Fruchtlambic.

 Führungen/Veranstaltungen: Die Brauerei steht jederzeit für Besucher offen. Es gibt Braukurse, Rampenverkauf und kommentierte Verkostungen.

KLEINE, FEINE TRADITION IN SACHSEN
Brauerei Reichenbrand, Chemnitz

Wie viele Brauereien im Osten Deutschlands hat auch die Brauerei Reichenbrand eine bewegte Geschichte, die eng verbunden ist mit der Inhaberfamilie Bergt. Urgroßvater Bergt kaufte die in Konkurs gegangene Brauerei im Jahre 1895. Großvater Bergt führte sie durch Kriege und die ersten DDR-Jahre, während Vater Bergt mit ansehen musste, wie die Brauerei 1972 verstaatlicht und dem VEB Braustolz angegliedert wurde. Vater Joachim und Sohn Matthias erlebten aber auch die Wiedergeburt nach der Wende und schafften es, dass die Brauerei, als einer der ersten Betriebe in Chemnitz, bereits im April 1990 reprivatisiert werden konnte. Seither wurde konsequent modernisiert und verbessert – im Filterkeller, bei der Füllerei, der Schroterei und der Wasseraufbereitung –, moderne Tanks wurden gekauft und in die weitläufigen Keller eingebracht, der Fuhrpark erneuert, Gebäude und alte Gärbottiche wurden saniert. Moderne Flaschen und Kästen signalisierten nach außen hin den Umbruch. Die Zukunft konnte kommen! Die neue Füllerei machte 1994 einen Anbau notwendig, und in das nach dem Umzug leer stehende Frontgebäude zog wieder das Bräustübl ein. Gemütlichkeit und deftiges Essen stehen dort im Vordergrund, während hinten fleißig gebraut wird. Im Sommer lädt im Innenhof der Biergarten Brauhof zum Verweilen im Freien ein. Und wie bei anderen aufgeschlossenen Brauern zeigt sich auch hier, dass der gute Ruf Wander- oder Lohnbrauer anlockt. So wird bei Reichenbrand zum Beispiel die bekannte Leipziger Ritterguts-Gose gebraut und abgefüllt.

 Produktion in Zahlen: Mit einem 120-Hektoliter-Sudwerk produziert die Brauerei etwa 15.000 Hektoliter im Jahr.

 Sorten: Standardsorten sind Helles, Pilsner, Premium, Weizen, Bockbier, heller Bock, Kellerbier, Dunkelbier.

 Führungen/Veranstaltungen: Gruppen ab zehn Personen mit Voranmeldung. Ansonsten im Braustüberl anfragen.

BRAUEREI GASTHOF ZWÖNITZ /// **GRÜNHAINER STRASSE 15** ///
08297 ZWÖNITZ/ERZGEBIRGE /// **03 77 54 / 5 99 05** ///
WWW.BRAUEREI-ZWOENITZ.DE ///

Bier hat im Erzgebirge eine lange Tradition. Auch in Zwönitz. Und doch gab es eine Abstinenz von 75 Jahren, ehe der Vater des heutigen Besitzers, Dominik Naumann, 1997 im alten Zwönitzer Schützenhof die erste moderne Gasthausbrauerei des Erzgebirges eröffnete. Neben einem wunderschönen Zehn-Hektoliter-Sudwerk in feinster Bauart im »Schaufenster« sind es weitere rustikale Details aus viel altem Holz und Kupfer, die dem Gasthaus den letzten Schliff geben. Gekonnt wurde der Deckenwölbung im Eingangsbereich und dem Kaminzimmer das Aussehen von Fassdauben verliehen. Die Küche kommt deftig, erzgebirgisch daher. Die Speisekarte wird originell in Form einer Brauereizeitung präsentiert.

Das Gasthaus floriert, die fünf Gasträume und der Biergarten sind meist gut gefüllt.

Seit Dominik Naumann den Betrieb von seinem Vater übernommen hat, schreitet auch der Ausbau jenseits des Gasthauses zügig voran. Im harten Wettbewerb der Brauereien, so hat Naumann erkannt, ist es hilfreich, mehr als ein Standbein zu besitzen. Also wurde verstärkt auf Flaschenbier gesetzt. Was man dem alten Schützenhaus von außen gar nicht ansieht: Innen ist es mittlerweile voll feinster Technik. Eine moderne Flaschenfüllerei, viele Tanks, sogar Holzfässer für Barrique-Experimente schaffen Raum für weiteres Wachstum und neue Biere. Ein großes Portfolio an modernen Craftbier-Sorten hat den guten Ruf der Brauerei schon weit über Zwönitz und das Erzgebirge hinausgetragen.

 Produktion in Zahlen: Das Zehn-Hekoliter-Sudwerk läuft inzwischen bis zu viermal pro Woche.

 Sorten: Pilsner, Dunkel, Schwarzbier, Weizenbier, rotblondes *Feieromdbier*, Rauchbier und India Pale Ale. Saisonale Bockbiere.

Führungen/Veranstaltungen: Die Sudanlage steht gut sichtbar im Gastraum. Für Detail- oder Gruppenführungen bitte anfragen. Einmal monatlich findet ein Bierseminar statt, Anmeldung erbeten.

Zwickel Hell 0,4 2,50€
Schwarze Seele 0,4 2,50€
Hefe Weizen 0,5 2,90€
Stefan's Bock Ab 16.10

**ERLBACHER BRAUHAUS /// HANS GEILERT ///
KLINGENTHALER STRASSE 12 /// 08258 MARKNEUKIRCHEN OT ERLBACH ///
03 74 22 / 63 84 /// WWW.BRAUHAUS-ERLBACH.DE ///**

GENÜGSAME SÜDSACHSEN

Erlbacher Brauhaus, Marktneukirchen

Wer nur einen Steinwurf entfernt von der Grenze zum Bierparadies Tschechien wohnt, muss einen besonderen Bezug zu Bier haben. Und so wird seit 1563 in Erlbach, einem Ortsteil von Marktneukirchen, Bier gebraut. Hans Geilert und sein Braumeister führen diese Tradition seit der Übernahme der südlichsten Brauerei Sachsens 1999 fort.

Über eine Terrasse und durch eine kleine Ausstellung – »Biermuseum« würde zu hoch greifen – gelangt man in die gemütliche Stube, in der sich eine Theke und gleich dahinter die Brauerei befinden.

Für Geilert und seinen Braumeister ist natürlich Bier das beherrschende Thema. Zugleich fällt aber auf, dass es den beiden ruhigen, sympathischen Brauern nicht darum geht, mit ihrem Betrieb reich zu werden. Dann hätten sie die Brauerei wohl anderswo eröffnet. In Plauen oder einer anderen größeren Stadt Sachsens.

Die Brauanlage reicht zum Leben, die Biere werden von Einheimischen und Besuchern gut angenommen. Die Küche ist lokal, einfach und gut, ohne Chichi; es gibt Mälzerschnitzel, Bierfleisch und Jägerlinge in Bierteig gebacken. Die vielen Veranstaltungen dort belegen, dass das Erlbacher Brauhaus ein fester Bestandteil des dörflichen Lebens ist. Schön, dass es Menschen gibt, denen das wichtiger ist als exzessives Wachstum um jeden Preis. Ein Brauhaus, das aufgrund seiner sympathischen Brauer und der guten Biere definitiv einen Umweg ins Vogtland lohnt.

 Produktion in Zahlen: Das Fünf-Hektoliter-Sudwerk läuft meist einmal pro Woche.

 Sorten: Zwickel Hell, die Schwarze Seele und ein Hefeweizen machen den größten Teil der Produktion aus. Saisonale Bockbiere und Spezialbiere wie Black Coffee Stout, India Pale Ale oder Weizenmalzbier ergänzen das Programm.

 Führungen/Veranstaltungen: Die Brauerei ist gut einsehbar und wird Interessierten gerne gezeigt. Einmal pro Woche findet eine Detailführung statt. Außerdem werden regelmäßig Braukurse und Bierseminare angeboten. Infos dazu auf der Website.

BEI HELLERS IST DER GRÜNE DAUMEN NICHT NUR FÜR DEN HOPFEN DA.

WENN FRAUEN BRAUEN ...
»Wir gehen die Sache sanfter an«

Bier brauen war früher traditionell Frauenarbeit. Heute hingegen stehen nur noch ganz wenige Frauen im Sudhaus und rühren im Maischbottich. Das könnte sich jetzt wieder ändern.

Es gibt Tage, an denen hält Anna Heller nichts hinter ihrem Schreibtisch. Da steht die zierliche Frau von ihrem Stuhl auf und läuft rüber in die Brauerei. Dort hat sie dann einen Heidenspaß dabei, frisch gebrautes Bier in Flaschen abzufüllen. Früher hat sie das viel öfter gemacht. Früher, als sie nicht Geschäftsführerin der Brauerei ihres Vaters war, sondern eben Brauerin. Sie hat Malzsäcke geschleppt und Bierfässer, die teilweise so schwer waren wie sie selbst. »Manchmal kam ich schon körperlich an meine Grenzen, aber figurtechnisch war das meine beste Zeit«, erzählt sie lachend.

Seit fünf Jahren muss sie sich vermehrt um die Verwaltung kümmern. Seitdem sind die Männer der Brauerei Heller in Köln wieder unter sich, eine neue Brauerin haben sie noch nicht gefunden. Und so sieht es bei Hellers aus wie bei vielen anderen Brauereien. Frauen in der Chefetage, ja doch, die gibt es. Frauen am Braukessel, okay, die gibt es auch. Aber wesentlich seltener.

Denn eine Ausbildung zur Brauerin und Mälzerin machen nicht viele Frauen. Im Bezirk Oberbayern, wo jedes Jahr etwa zwei Drittel aller deutschlandweiten Lehrstellen für diesen Beruf vergeben werden, waren zum 31. Dezember 2014 nicht einmal zehn Prozent der Auszubildenden weiblich. Ja, man müsse sich da erst ein bisschen durchbeißen, sagt Anna Heller, obwohl das alles ganz liebe Kerle seien.

Zwischen Gär- und Lagerkeller herrsche oft Baustellenatmosphäre, der Ton sei rau, daran müsse man sich gewöhnen. »Wenn man sich den Respekt der Männer aber einmal erarbeitet hat, läuft es super«, erklärt Tanja Leidgschwendner. Sie muss es wissen, denn sie hat schon viele verschiedene Brauereien kennengelernt. Eigentlich wollte sie Polizistin werden, scheiterte aber an der Mindestkörpergröße von 1,65 Meter. Ihr Plan B: Bierbrauen.

Inzwischen arbeitet Tanja in München in der Brauerei im Eiswerk, der Mikrobrauerei von Paulaner. Nebenbei studiert sie Brauwesen. In den Hörsälen der Universität sitzt sie zwischen mehr Frauen als in ihrer Berufsschulklasse. Etwa ein Fünftel der Absolventen im Diplomstudiengang *Brauwesen und Getränketechnologie* an der Technischen Universität München ist weiblich. Im Bachelorstudiengang sogar ein Viertel.

»Viele Frauen tun sich schwer, einen Platz für das Praktikum vor dem Studium zu bekommen«, erzählt Manuela Stöberl von der Studienkoordination der TU München. Oft werde ihnen gesagt, sie könnten nicht richtig anpacken. Und Anpacken gehört dazu. Brauen ist zwar kreativ, handwerklich, selbstbestimmt. Aber es ist auch schweißtreibende Arbeit.

Doch davor schrecken Gisela und Monika Meinel-Hansen, Yvonne Wernlein und Isabella Straub nicht zurück. Die vier Frauen stammen alle aus fränkischen Brauerfamilien. Unter dem Namen Holladiebierfee haben sie sich zusammengetan, um gemeinsam Bier für Frauen zu kreieren. Aus Champagnerhefe und Aromahopfen entstand 2012 erstmals ein Starkbier, das speziell auf weibliche Konsumenten zugeschnitten war. Deshalb wurde es auch nicht in Standardflaschen abgefüllt, sondern in edle Sektflaschen mit Korkverschluss. Das Auge trinkt und kauft eben mit. Seitdem entstehen bei Holladiebierfee saisonal immer wieder andere Biere, die bei Frauen die Lust auf das bislang eher für Männer interessante Getränk wecken sollen.

Marlies Bernreuther von der Pyraser Brauerei hingegen möchte ihr Sortiment nicht um spezielle Frauenbiere erweitern. Die Betriebswirtin übernahm im Alter von 31 den Familienbetrieb und wurde damit zur jüngsten Brauereiinhaberin Deutschlands. Sie steht zwar nicht selbst am Braukessel, bringt aber ihre Ideen ein. Sie prüft neue Hopfensorten, Hefen oder Malze, bewertet Rezeptvorschläge oder macht selbst welche. Zuletzt bei der Sorte Pyraser Herzblut, einem Rotbier, das ihre Handschrift trägt.

Biersommelière Kathrin Meyer glaubt, dass es bald wieder mehr Brauerinnen geben wird. Grund sei die neue Wertschätzung für das Getränk. »Bier ist wieder cool und elegant, es spricht einfach mehr Frauen an«, sagt sie. Sich selbst und ihre Schwester Stephanie eingeschlossen. Gemeinsam haben die beiden Brauerstöchter die Marke

Braukatz gegründet. Stephanie braut, Kathrin verkauft.

Ihre erste Eigenkreation: ein Pale Ale. Die schicken Etiketten auf ihren Flaschen zielen vom Design her eher auf Frauen ab. Das Bier soll aber ausdrücklich auch Männern schmecken. Jedem. Denn dass Frauen nur für Frauen brauen sollten, findet Kathrin ganz und gar nicht. Sie brauen höchstens weniger extrem. »Manche Männer brauen Ales, die schmecken, als ob man in eine Hand voll Hopfendolden bei-ßen würde. Wir gehen die Sache etwas sanfter an«, erklärt sie.

Obwohl es natürlich nicht stimmt, dass Frauen generell kei-ne herben Getränke mögen. Schließlich schlürfen sie auch Campa-ri oder Aperol. Viel bitterer geht es nun wirklich nicht. Trotzdem hat die Lahnsteiner Brauerei (S. 113) im März 2015 damit begonnen, speziell auf Frauen ausgerichtete Bierverkostungen anzubieten. Bei diesen »Damenbierseminaren« probieren sich die Teilnehmer, Frauen wie Männer, durch Biercocktails, Starkbiere und Fruchtbiere. »Nor-malerweise sind von den Teilnehmern unserer Bierseminare etwa ein Fünftel Frauen, beim Damenbierseminar war es die Hälfte«, erklärt Inhaber Markus Fohr. Zukünftig sollen diese speziellen Bierverkos-tungen zweimal im Jahr stattfinden.

Tanja Leidgschwendner aus der Brauerei am Eiswerk ist sich sicher, dass die Craftbier-Bewegung bald mehr Frauen in den Beruf ziehen wird. Sie selbst kann sich keinen anderen Job mehr vorstellen und sagt: »Die Frauen müssen sich einfach trauen!«

von Claudia Steinert

Die Gastautorin: Claudia Steinert ist Wissenschaftsjournalistin mit einer Leidenschaft für gutes Bier. Sie interessiert sich besonders dafür, was Brauer an- und umtreibt. Darüber schreibt sie unter anderem für das Magazin Hopfenhelden (www.hopfenhelden.de). In ihrer Frei-zeit ist sie bei jedem Wetter draußen unterwegs, am liebsten zu Fuß in den Bergen. Nicht zuletzt deswegen hat die gebürtige Leipzigerin sich gut mit ihrer neuen Heimat München angefreundet.

WENN FRAUEN BRAUEN ...

... und auch noch Preise gewinnen

Die internationalen Bierwettbewerbe sind keine reinen Männerveranstaltungen mehr. Zur Anschauung werden hier zwei aktuelle Beispiele aufgeführt:

Renate, Friederike und Simone Strate führen im »Triumfeminat« gemeinsam die Familienbrauerei Strate in Detmold. In fünfter Generation. Wobei Friederike die Braumeisterin ist. Nach vielen regionalen und lokalen Ehrungen wagten sich die Strates 2015 auf die große Bühne und reichten ihr Gourmet-Bier »Detmolder Chardonnay-Hopfen« beim World Beer Award ein. Der inoffiziellen Weltmeisterschaft der Biere. In der Kategorie »Speciality Beer – Experimental Speciality« wurde das Bier prompt als bestes seiner Art in Deutschland ausgezeichnet.

Beim selben Wettbewerb gelangte Braumeisterin Stephanie Frauendörfer, die erst seit 2014 mit ihrem Mann Philipp die Traunsteiner Brauerei Schnitzlbaumer betreibt, sogar noch eine Stufe höher. Und dies in einer klassischen Männerdomäne, mit der Traumqualifikation »Weltbestes Bier seiner Gattung«: dem bayerischen Hefeweißbier!

Aber Ehrungen gibt es nicht nur für Biere: Die leidenschaftliche Hobbybrauerin Marlene Speck aus Starnberg wurde im Mai 2015 zur Bayerischen Bierkönigin gekürt. Ein Erfolg, bei dem ihr Hobby sicher nicht hinderlich war, kann sie doch bei den Treffen mit Brauern und Funktionären, die so ein Ehrenamt mit sich bringt, nach Herzenslust fachsimpeln. Oftmals zur Überraschung der anwesenden Herren.

Denn es hat sich immer noch nicht überall herumgesprochen: Auch Frauen haben ein Faible für den Gerstensaft ...

ADRESSEN:

Brauerei Heller GmbH /// Roonstraße 33 /// 50674 Köln /// 0221/242545 /// www.hellers-brauhaus.de ///

Brauerei im Eiswerk GmbH /// Ohlmüllerstraße 44 /// 81541 München /// 089/3929350351 /// www.brauerei-im-eiswerk.de ///

Holladiebierfee /// Familienbrauerei Georg Meinel GmbH /// Alte Plauener Straße 24 /// 95028 Hof /// 09281/3514 /// www.holladiebierfee.de ///

Pyraser Landbrauerei GmbH & Co. KG /// Pyras 26 /// 91177 Thalmässing /// 09174/47470 /// www.pyraser.de ///

Braukatz / Brau Manufactur Allgäu GmbH /// Hauptstraße 25 /// 87484 Nesselwang, Allgäu /// 08361/30960 /// www.braukatz.de ///

Privatbrauerei Strate Detmold GmbH & Co. KG /// Palaisstraße 1–13 /// 32756 Detmold /// 05231/944000 /// www.brauerei-strate.de ///

Privatbrauerei Schnitzlbaumer GmbH /// Mühlenstraße 8 /// 83278 Traunstein /// 0861/3400 /// www.schnitzlbaumer.de ///

BRAUHAUS

MÜNSTEREIFELER BRAUHAUS /// MARKT 8 ///
53902 BAD MÜNSTEREIFEL /// 0 22 53 / 62 03 ///
WWW.BRAUHAUS-BAM.DE ///

Der Kurort Bad Münstereifel gehört ohne Frage zu den touristischen Highlights der Eifel. Tausende Menschen zeigen dies regelmäßig deutlich, flanieren besonders im Sommer durch die charmante Innenstadt dieses mittelalterlichen Kleinods, bewundern alte Fachwerkhäuser, besuchen Cafés (mit und ohne Heino) und Museen oder erleichtern ihre Reisekasse im ersten Innenstadt-Outlet-Center Deutschlands.

Am Marktplatz, mittendrin im touristischen Rummel, steht ein burgartiges altes Haus, ohne Licht oder Neonreklame, mit einem Ecktürmchen und der dezenten Aufschrift »Brauhaus«. Nicht nur hier wurde bereits im Mittelalter Bier gebraut. 13 Brauereien gab es früher in Münstereifel, vor 100 Jahren schließlich keine mehr. Bis 1997 das Brauhaus eröffnet wurde. Mit einer einfachen Brauanlage. 2011 übernahm die Mechernicher Geschäftsfrau Antunka Rosemann das Brauhaus mitsamt Braumeister Thomas Zoll und führt den Betrieb auf sehr unaufgeregte Weise weiter. Wenig Werbung macht das Brauhaus, auch die Website ist technisch wie inhaltlich einfach gehalten. Aber es funktioniert.

Die deftige Küche bietet Flammkuchen, Sauerkraut, Bratkartoffeln und Bierbrot, hausgemachtes Gulasch oder Würste; das passt zu den kräftigen, sauber gebrauten Landbieren des Brauhauses. Man verlässt sich auf das, was man gut kann. Keine Experimente, kein unnötiger, teurer Schnickschnack. Der Kunde ist ein scheues Wild, und Kurortbesucher sind keine Luxustouristen.

Das Brauhaus bietet einen ungewöhnlichen, interessanten Kontrast zu den vielen überteuerten, übertechnisierten Brauhäusern, die man sonst oft antrifft. Das sollte man sich nicht entgehen lassen, wenn man in der Eifel weilt.

 Produktion in Zahlen: Pro Sud werden sechs Hektoliter erzeugt. Die Sudzahl schwankt saisonal stark.

Sorten: Thomas Zoll braut zwei Sorten: Landbier und Schwarzbier.

 Führungen/Veranstaltungen: Die Brauerei liegt im Gastraum, für Details einfach fragen.

HOTEL ZUR TRA...

Gasthofbrauerei

»HISTORISCHER NEUBAU«

Gasthofbrauerei »Hotel zur Traube«, Nidda

34

Die Kleinstadt Nidda, im hessischen Wetteraukreis gelegen, punktet touristisch zuerst einmal mit einem Schloss, einem über 500 Jahre alten Turm, einem hübschen fachwerkhausgesäumten Marktplatz mit einem Brunnen von 1650 – und einer neuen alten Gasthausbrauerei. Was wie ein Widerspruch klingt, ist so zu erklären: Im Oktober 1840 wurde der Gasthof Zur Traube eröffnet. Und was zwei Weltkriege nicht schafften, schaffte ein Feuer: Nach mehr als 150 Jahren, am 28.01.1996, brannte das alte Fachwerkhaus bis auf die Grundmauern nieder. Über zwei Jahre dauerte es, bis das Gebäude mit viel Aufwand originalgetreu wiederaufgebaut worden war, diesmal jedoch um eine Gasthausbrauerei ergänzt. Das Ganze war finanziell vom alten Besitzer nicht zu stemmen, also bildete sich eine Investorengemeinschaft, die das Projekt als »Niddaer Marktbräu« weiterführte. Heute ist die Traube die einzige Brauerei in der Region Wetterau und Vogelsberg in Oberhessen, also nördlich von Frankfurt/Main.

Die Einheimischen reden stolz von ihrem »Bier, das aus der Traube kommt«.

Außer dem hauseigenen Bier bietet die Traube ihren Gästen gutbürgerliches Essen in einer gemütlichen Atmosphäre in der Marktstubb, der Mühlstubb oder im Thekenbereich. Die Bierschwemme im Souterrain, neben der Brauerei, bietet Platz für bis zu 50 Personen. Im Sommer wird der schöne Marktplatz als großer Biergarten genutzt. Das Hotel verfügt über 16 komfortable Zimmer.

 Produktion in Zahlen: Mit dem 15-Hektoliter-Sudwerk werden derzeit etwa 500 Hektoliter im Jahr gebraut.

 Sorten: Hauptsorten sind das Niddaer Marktbräu hell, dunkel und Weizen. Als saisonale Nebensorten werden zum Beispiel Narrenalt, Maibock, Weihnachtsbock und Keltentrunk hergestellt.

 Führungen/Veranstaltungen: Das Sudhaus steht in der Gaststube, ausführlichere Brauereibesichtigungen und Brauseminare werden nach Absprache angeboten.

LAHNSTEINER BRAUEREI GMBH & CO. KG /// SANDGASSE 1 ///
56112 LAHNSTEIN /// 0 26 21 / 9 17 40 ///
WWW.LAHNSTEINER-BRAUEREI.DE ///

JEDE GENERATION GEHT IHREN WEG
Lahnsteiner Brauerei, Lahnstein

35

Die Lahnsteiner Brauerei ist ein gutes Beispiel, wie ein Generationswechsel das Image eines Betriebs ändern kann. Seit 1667, inzwischen
in der zehnten Generation, braut die Familie Fohr in Lahnstein. Klassisch, konservativ, bewährt. Das wurde dem neuen Chef, Dr. Markus
Fohr, auf Dauer aber zu eintönig. Also besann er sich auf das, was ihn
am Bier interessierte, auch wenn das in der Politik – und speziell in der
EU – nicht gerne gesehen wird: die positiven gesundheitlichen Aspekte
des Biertrinkens. Er schrieb ein erfolgreiches Buch mit dem Titel *Besser
leben mit Bier*, legte später noch eines nach und verschrieb sich in der
Folge mehr und mehr diesem Thema. Besucher der Brauerei bekommen also nicht nur den schönen, 26 Meter hohen und über 600 Jahre
alten Brauereiturm zu sehen, sondern auch einen Überblick über den
isotonischen Nutzen alkoholfreien Bieres oder die Vorteile gemäßigten
Bierkonsums in der Gesamternährung geboten. Der Biername Runners High spiegelt diese Philosophie anschaulich wider.

Es gibt einen Buch- und Delikatessenshop sowie einen Bierkeller mit einer Sammlung internationaler Bierspezialitäten. Ein Brauereimarkt sowie ein kleines Brauereimuseum laden zum Stöbern und Entdecken ein.

Produktion in Zahlen: 30.000 Hektoliter Jahresproduktion

Sorten: Hauptsorten sind Runners High alkoholfreies Pils, Runners High alkoholfreies Hefeweizen, Radler, Pils, Zwickelbier,
naturtrübes Pils, Bernsteinbier, Alt, Schwarzbier, Kristallwei-
zen, Hefeweizen hell/dunkel, Fest-Export, Schnee Bock und
der Martinator-Doppelbock. Nebenbei wird mit Grutbieren,
hopfengestopften Bieren, Eisbock oder Holzfassreifung experimentiert.

Führungen/Veranstaltungen: Einmal monatlich, meist am ersten
Donnerstag, findet ein Bierseminar statt. (Teilnahme nur nach
Voranmeldung.) Biertouren und Führungen sind nach Absprache möglich. Spezialprogramme auf Wunsch: Bierstacheln, Eisbock live, Bier und Käse, Bier und Schokolade.

CRAFTWERK & BITBURGER MARKEN-ERLEBNISWELT ///
BITBURGER BRAUGRUPPE GMBH /// RÖMERMAUER 3 ///
54634 BITBURG /// 0 65 61 / 1 40 /// WWW.BITBURGER.DE ///
WWW.CRAFTWERK.DE ///

Eine Ausnahme von der Vorgabe »Keine Fernsehbiere« sei hier gestattet. Denn Bitburg ist sowohl die Heimatstadt als Bitburger auch Lehrbetrieb des Autors. Zudem geht es hier nicht direkt um die Brauerei, sondern um eine in dieser Art in Deutschland einzigartige Brau-Schau: die Bitburger Marken-Erlebniswelt. Auf 1.700 Quadratmetern wurde 2009 diese Ausstellung eröffnet, die an die neue Stadthalle anschließt, und an deren anderem Ende sich das alte Kupfersudwerk als Schmuckstück findet. Natürlich wird man als Besucher von professionellen Führern zuerst über die Historie der Brauerei, ihre Marken und Strategien aufgeklärt. Danach kann man in modernster Architektur in eine Welt des Bieres und seiner Rohstoffe eintauchen, bei der alle Sinne angesprochen werden. Sie können Brauwasser aus dem Tiefbrunnen trinken, Hopfen riechen oder Gerste durch ihre Finger rieseln lassen. Kurze Einspielfilme ergänzen das sensorische Erlebnis.

Besonders interessierte Besucher können auf Nachfrage an einer Führung im Craftwerk teilnehmen. In dieser in Bitburgs Süden auf dem Gelände der Hauptbrauerei gelegenen, als moderne Versuchsbrauerei gebauten Anlage produziert ein eigenes Team Craftbiere. Eine Führung dort ist aufwendig und die Anmeldung formell (aufgrund der Hygienevorschriften), daher bitte mehr Zeit einplanen.

Tipp: Bitburg-Besucher sollten sich für den Biereinkauf Lacher's Getränkewelt nicht entgehen lassen, mit der wohl größten Bierauswahl der Eifel (www.lachers-getraenkewelt.de).

🌾 **Produktion in Zahlen:** Das Craftwerk-Sudhaus produziert 20 Hektoliter pro Sud.

🌾 **Sorten:** Skipping Stone (Summer Ale), Holy Cowl (Belgian Style Tripel), Tangerine Dream (Single Hop Pale Ale), Hop Head 7 (American India Pale Ale) und Dark Season (Sweet Stout), gelegentlich Sondereditionen

🌾 **Führungen/Veranstaltungen:** Führungen durch die Markenwelt finden täglich statt (Infos dazu auf der Website), die durchs Craftwerk auf Anfrage.

**KRAFT BRÄU /// 1. TRIERER HAUSBRAUEREI ///
IM HOTEL RESTAURANT BLESIUS GARTEN /// OLEWIGER STRASSE 135 ///
54295 TRIER /// 06 51 / 3 60 60 /// WWW.KRAFTBRAEU.DE ///**

Im Hotel Blesius Garten, mitten in den Trier-Olewiger Weinbergen, eröffnete 1998 die erste Trierer Hausbrauerei Kraft Bräu. Nach einigen Anlaufschwierigkeiten ist Kraft Bräu inzwischen eine Institution in der ältesten Stadt Deutschlands. Geschäftsführer und Inhaber Klaus Tonkaboni und sein Braumeister und Biersommelier Sebastian Nguyen haben es geschafft, Trier noch deutlicher auf der Bierlandkarte zu platzieren, als dies der bereits seit Längerem verschwundenen, einst größeren Marke Petrisberger gelungen war.

Im Erscheinungsbild traditionell, passend zum rustikalen Mobiliar und der kräftig-deftigen Küche des Hotels, mit vom Lokal aus sichtbaren Kupferhauben, präsentiert sich die Brauerei. Kraft Bräu produziert mittlerweile mehr und mehr Fassbier für andere Gaststätten sowie Flaschenbier für den Außer-Haus-Verkauf; einige Kraft-Biere sind zudem in Supermärkten in Trier und Umgebung erhältlich. Im brauereieigenen Shop finden sich auch Bierspezialitäten anderer Brauereien.

Das schön und ruhig gelegene Hotel ist eine gute Empfehlung für einen längeren Urlaub in Trier.

 Produktion in Zahlen: Der Ausstoß beträgt zehn Hektoliter je Sud, gebraut wird ein- bis dreimal die Woche.

 Sorten: Standardsorten sind Helles, Dunkles und Weizenbier. Saisonbiere sind Fest-, Mai- und andere Bockbiere, Roggenbier oder ein Kellerbier. Darüber hinaus widmet sich Braumeister Nguyen mit Hingebung selteneren Bierstilen oder dem derzeit angesagten Craftbier, wie zum Beispiel India Pale Ale.

 Führungen/Veranstaltungen: Besichtigungen sind jederzeit während der Öffnungszeiten möglich. Besonders empfehlenswert ist das monatlich angebotene Biertasting (mit Voranmeldung), bei dem circa zehn Biersorten und ein passendes Biergericht unter fachmännischer Leitung verkostet werden (circa 33 Euro). Seit 2014 veranstaltet Kraft Bräu im Herbst das Trierer Bierfest.

**PRIVATBRAUEREI SANDER /// BRAUSTÄTTE: ///
WEINSHEIMER STRASSE 67 /// 67547 WORMS-WEINSHEIM/RHH. ///
0 62 41 / 8 54 50 28 /// WWW.BRAUEREI-SANDER.DE ///**

Ulrich Sander ist viel herumgekommen in der Welt. Als Konstruktions-
leiter für Bierfilteranlagen hatte er mit vielen Brauereikunden überall auf
der Welt zu tun. Vorher war er, der Winzersohn, bereits gewissermaßen
»fremdgegangen« und hatte eine Ausbildung zum Brauer und Mälzer
absolviert, Gesellenjahre in der Schweiz verbracht und das Ganze mit
einem erfolgreichen Abschluss als Diplom-Braumeister in Berlin ver-
vollkommnet. Sander reiste gerne, liebte seinen Job. Aber irgendwann
kam der Punkt, da wollte er nicht mehr. Wollte Bier brauen. Sein eigenes Bier. Damit begann er 2012. Er errichtete im Kelterhaus des elterlichen Weinguts eine Minibrauerei und begann mit der Produktion seiner
Eigenkreationen. Der Erfolg ließ nicht lange warten, und die Minibrauerei wurde zu klein. Also zog er 2014 um, in eine stillgelegte alte Groß-
bäckerei im Wormser Süden. Aus der Minibrauerei wurde »Midi«, mit
derzeit bereits vier Mitarbeitern. Und er ließ seine Biere biozertifizieren.
Sander ist nicht der erste Brauer, der die Erfahrung macht, dass Bier aus
kleinen Brauereien auch in Weingegenden sehr gefragt ist.

Da Sander keine eigene Gastronomie hat, das Bier in seiner Brauereiwirtschaft aber bisweilen hungrig macht, erlaubt er seinen Gästen,
ihre eigene Verpflegung mitzubringen. Wie in einem klassischen bayerischen Biergarten.

 Produktion in Zahlen: Sander produziert um die 1.000 Hektoliter
im Jahr.

 Sorten: Pilsner, Weizenbier, Pale Ale, Amber Lager (Protaste Re-
bel), India Pale Ale, Bockbierspezialitäten, holzfassgereifte Biere, Porter, Stout und viele andere saisonale Biere wie limitierte
Cuvées oder Weizen-Doppelbock. Alle Biere in Bioqualität.

 Führungen/Veranstaltungen: Zu den Öffnungszeiten sind Besucher
gerne willkommen. Ein- bis zweimal im Monat bietet Sander
verschiedenste Themenbierproben an. Weiterhin finden regelmäßig Feste, Konzerte und sonstige Veranstaltungen statt, wie
das Brauereifest am ersten Wochenende im Oktober oder der
Vatertag in der Brauerei.

MICHELSTÄDTER BIER GMBH /// HOCHSTRASSE 15 ///
64720 MICHELSTADT /// 0 60 61 / 23 47 ///
WWW.MICHELSTAEDTER-BIER.DE ///

BRAUKUNSTKELLER GMBH /// ALEXANDER HIMBURG ///
HOCHSTRASSE 15 /// 64720 MICHELSTADT ///
WWW.BRAUKUNSTKELLER.DE ///

DIENER ZWEIER HERREN, TEIL 1

Michelstädter Bier / Braukunstkeller, Michelstadt

39

Die Michelstädter-Bier-Brauerei im schönen Odenwald wurde 1721 gegründet und befand sich die meiste Zeit im Besitz der Familie Dörr. Seit 2013 jedoch lenkt der Unternehmer Eduard Rosin die Geschicke der Brauerei mit dem Ziel, zumindest die drei Vollzeit-Arbeitsplätze zu erhalten. Das derzeitige Sortiment sechs klassischer Sorten (von Pils bis Weizenbier) ist zwar konkurrenzfähig, doch den harten Preiskampf der Getränkemärkte will man nicht mitmachen. So wurde das Kupfersudwerk beibehalten und notwendige Investitionen in letzter Zeit mehr im Bereich des Gär- und Lagerkellers gemacht. Die Saat ist gelegt für das weitere Überleben der Brauerei.

Dazu trägt ein ganz spezieller Gastbrauer bei. Alexander Himburg, gebürtiger Berliner, hat vor einigen Jahren seine Zelte im Odenwald aufgeschlagen. Und seit 2013 braut er die Biere seines Braukunstkellers in Michelstadt. Der Braukunstkeller ist seit geraumer Zeit eines der bekanntesten Brauprojekte der noch jungen deutschen Craftbier-Szene. Und Himburg einer der Vorzeige-Braumeister der jungen Wilden. Längst braut Himburg nicht mehr allein und im Labormaßstab, sondern kann die Last der kreativen Braukunst auf zwei bis drei Brauer und Braumeister verteilen. Die bierverrückten Brauer schaffen es also tatsächlich, entgegen dem Sprichwort, buchstäblich zwei Herren zu dienen.

 Produktion in Zahlen: Die rund 4.000 Hektoliter Jahresproduktion verteilen sich ungefähr 50 : 50 auf beide Brauer.

 Sorten: Bei Michelstädter sind Pils und Weizen die Hauptsorten, Helles läuft nebenher. Beim Braukunstkeller dominieren Pale Ale, India Pale Ale, DIPA, Imperial Stout und Session IPA mit den schönen Namen Amarsi, Laguna oder Mandarina. Ab und zu gibt es exotische Leckereien wie Bier aus dem Tequila-Holzfass oder Ähnliches.

 Führungen/Veranstaltungen: Brauereiführung mit Verkostungen ist nach Anmeldung jederzeit möglich. Außerdem findet jährlich ein gemeinsames Hoffest statt.

DIENER ZWEIER HERREN, TEIL 2

Häffner Bräu / Hopfenstopfer, Bad Rappenau

40

Im beschaulichen Kurort Bad Rappenau im Kraichgau betreibt die Familie Häffner seit über 100 Jahren eine kleine Brauerei mit angeschlossener Gaststätte und schwäbisch-badischer Küche. Dazu noch ein Hotel mit knapp 60 Zimmern.

Und nun ist diese kleine Brauerei innerhalb weniger Jahre durch einen ihrer Mitarbeiter überregional bekannter geworden, als es 100 Jahre klassische Brauerarbeit vermochten.

Wie in Michelstadt (S. 121), so hat auch in Bad Rappenau eine bierige Symbiose stattgefunden: hier die kleine, traditionelle Brauerei, die nicht ganz ausgelastet ist; dort der vor Kreativität sprühende Braumeister ohne eigene Brauerei. Und wenn dieser, wie im Fall der Brauerei Häffner, noch ein eigener Brauerei-Mitarbeiter ist, dann passt der Deckel genau auf den Topf:

Thomas »Hopfenstopfer« Wachno verwirklicht sich seit 2008 mit eigenen Bieren und Rezepturen, unter der Marke Hopfenstopfer, bei Häffner Bräu. Die Bierkreationen des ruhigen, zurückhaltenden Mannes sind inzwischen bundesweit bekannt und gehören zu den beliebtesten Craftbieren moderner Prägung.

Gleichzeitig braut er das Häffner-Sortiment und hilft seinem Arbeitgeber, auch dessen Marken bekannter zu machen. Und da Thomas Wachno aus praktischen Gründen die Hopfenstopfer-Biere ganz offiziell über Häffner laufen lässt, ist das eine jener von Managern so gerne beschworenen Win-win-Situationen.

 Produktion in Zahlen: Pro Jahr werden etwa 1.400 Hektoliter unters bierliebende Volk gebracht.

Sorten: Häffner-Biere sind Export, Kur Pils, Schwärzberg Gold, Raban, Kurstadt Weizen, Winterbier. Der Hopfenstopfer braut Citra Ale, Incredible Pale Ale, Comet IPA sowie diverse saisonale Sorten.

Führungen/Veranstaltungen: Brauereiführungen sind auf Anfrage möglich.

BRAUEREI ZUM ROSSKNECHT /// REITHAUSPLATZ 21 ///
71634 LUDWIGSBURG /// 0 71 41 / 90 25 51 /// WWW.ROSSKNECHT.NET ///

SCHWÄBISCHE TRADITION
Brauerei zum Rossknecht, Ludwigsburg

41

Die Gasthausbrauerei zum Rossknecht ist eine Ludwigsburger Institution, eine echte klassische Gasthausbrauerei. Und eine der ältesten und ersten der neueren Generation.

Da Ludwigsburg zudem Standort eines großen Brauereianlagen-Bauers ist, der Ende der 80er-Jahre ein neues Konzept für Gasthausbrauereien erarbeitete, lag es nahe, dass dies direkt vor Ort auch umgesetzt wird. Als Referenzanlage für Neukunden gewissermaßen.

Und so werden seit 1989 in einem wunderschönen, unter Denkmalschutz stehenden Gebäude am Reithausplatz allerbeste Biere gebraut. Besitzer und Braumeister Andreas Rothacker und seine drei Brauer brauen mittlerweile auch in Bietigheim-Bissingen, aber das Stammhaus ist und bleibt Ludwigsburg.

Bei gutbürgerlicher Küche, in die das Bier und seine Nebenprodukte mit einbezogen sind – wie beim Treberbrot, beim mit Bier marinierten *Seitensprung*-Steak oder beim Biergulasch –, lässt sich das schöne Kupfersudwerk genauso gut betrachten wie auch die circa 12.700 verschiedenen Bierdeckel an der Decke des Lokals. Erfreulich für ausländische Besucher ist die Speisenkarte in englischer Sprache, leider noch immer nicht selbstverständlich in deutschen Restaurants.

 Produktion in Zahlen: Der Ausstoß beträgt zehn Hektoliter je Sud, gebraut wird ein- bis dreimal die Woche.

 Sorten: Das Rossknecht Urhell ist jetzt schon ein Klassiker. Daneben wird noch ein Weizen angeboten sowie diverse Saisonbiere, darunter ein India Pale Ale und acht (!) verschiedene Bockbiervarianten.

 Führungen/Veranstaltungen: Brauereiführungen auf Deutsch, Englisch oder Italienisch sind nach Vereinbarung jederzeit möglich. Einmal im Jahr veranstaltet der Rossknecht die Ludwigsburger Brautage, ein zwölftägiges Open-Air-Festival mit Livebands, die auf dem Rathausplatz aufspielen.

ALPIRSBACHER KLOSTERBRÄU GLAUNER GMBH & CO. KG ///
MARKTPLATZ 1 /// 72275 ALPIRSBACH /// 0 74 44 / 6 70 ///
WWW.ALPIRSBACHER.DE ///

EIN STANDESAMT IM SUDHAUS
Alpirsbacher Klosterbräu, Alpirsbach

42

Im fast 1.000 Jahre alten Kloster Alpirsbach wurde schon im Mittelalter Bier gebraut. In den Wirren der Reformationskriege und der Zeit danach geriet dort jedoch einiges durcheinander. Im Klosterbräu wurde bereits lange kein Bier mehr hergestellt, als Johann Gottfried Glauner 1877 beschloss, die Brauerei wieder zum Leben zu erwecken. Seither waren vier Glauner-Generationen am Werk, und der Alpirsbacher Klosterbräu blüht und gedeiht. Neben der sehr ansehnlichen Brauerei – einer schönen Mischung aus Alt und Neu – stehen ein liebevoll eingerichtetes Brauereimuseum (die Alpirsbacher Brauwelt), eine kleine Destille und ein Brau-Shop, in dem es nicht nur Bier gibt, sondern auch Biershampoo, Hopfenölbad, Biersenf, Biergelee und Bierwurst.

Im Klosterbräu widmet man sich verstärkt der neuen Bierkultur und bildet Mitarbeiter zu Biersommeliers aus, die dann bei Bierseminaren und Verkostungen Bierfreunden ihr Wissen vermitteln. In den benachbarten Wirtschaften Löwenpost sowie Zwickel und Kaps kann man sich das Bier auch schmecken lassen – hier wird viel mit Bier gekocht.

Ganz speziell wird es in Alpirsbach für verliebte Bierfreunde, die in einer Brauerei heiraten möchten. Unter dem Motto »Sich trauen beim Brauen – Mit Gerstensaft die Ehe besiegeln« wird das alte Sudhaus von 1912 zum Standesamt umfunktioniert. Mit bis zu 18 Gästen kann das Brautpaar im Anschluss an die Zeremonie dort noch einen Umtrunk genießen oder gleich im Braukeller weiterfeiern.

🌾 **Produktion in Zahlen:** Die Jahresproduktion beträgt etwa 180.000 Hektoliter.

🌾 **Sorten:** Alpirsbacher produziert eine große Bandbreite, derzeit verschiedene Biere. Die Hauptsorten sind Spezial, Pils, Weizen Hefe Hell und Klosterstoff. Nischensorten sind Kloster Dunkel, Kloster Starkbier, Klosterweiße und Ambrosius.

🌾 **Führungen/Veranstaltungen:** Führungen werden in verschiedensten Arten angeboten. Als Gruppe oder individuell, einfach im Brauereimuseum anmelden. Je nach Lust und Laune kann man Brotzeit, Klosterführung oder Bierseminar dazubuchen.

BERG BRAUEREI ULRICH ZIMMERMANN /// BRAUHAUSSTRASSE 2 /// 89584 EHINGEN/BERG /// 0 73 91 / 77 17 10 /// WWW.BERGBIER.DE ///

Aus dem Jahr 1466 stammt die älteste Erwähnung der Berg Brauerei, die Familie Zimmermann ist seit 1757 Besitzer und somit – derzeit in der neunten Generation – eine der alten Brauerfamilien Deutschlands! Und Uli Zimmermann wehrt sich mit seinen gut 30 Mitarbeitern seit Jahren erfolgreich gegen die Dominanz der Großbrauereien.

Die Berg Brauerei ist klassischer Brauer-Mittelstand, was sowohl an den Gebäuden wie bei der Brautechnik gut zu sehen ist. Nicht immer kann man sich alle Wünsche erfüllen, aber mit viel Fleiß, Einsatz und Sauberkeit kann man Maschinen etwas länger betreiben, um die wirklich wichtigen Investitionen sofort möglich zu machen. Und so steht Alt neben Neu, Tradition neben Hightech. Das Hefeweißbier wird dabei noch in offenen Bottichen vergoren, was heutzutage eher selten ist. Aber schön aussieht.

Stark mit der Region verbunden, organisiert die Berg Brauerei eine Vielzahl von Aktivitäten, das ganze Jahr über. Und wer nach dem Besuch weiter probieren möchte, kommt in der angeschlossenen Brauereiwirtschaft voll auf seine Kosten. Nicht nur Bier aus dem Holzfass und bieraffine Gerichte (Treberschnitzel, Kässpätzle, Biergulasch), sondern auch der alte Brauch des Bierstachelns oder kommentierte Verkostungen werden angeboten.

Produktion in Zahlen: Die Jahresproduktion beträgt circa 30.000 Hektoliter.

Sorten: Mit einem vollen Produktprogramm aus unter- und obergärigen Bieren (Helles, Pils, Ulrichsbier, Weizen, Bock, Radler), schweren wie leichten, dazu saisonalen Spezialitäten ist für jeden Geschmack etwas dabei.

Führungen/Veranstaltungen: Täglich, außer sonntags, nach Vereinbarung. Die Führung umfasst die gesamte Brauerei (Eis-, Gär-, und Lagerkeller, Zwicklprobe, Sudhaus, Füllerei, offene Obergärungsbottiche) wie auch das kleine Brauereimuseum (Museumle) und endet mit einem Glas frisch gezapften Biers. Wöchentlich werden Brauseminare angeboten (Voranmeldung erbeten).

BREISGAUER BRAUKUNST MIT SAUERKRAUT

Martin's Bräu, Freiburg

Sauerkraut und Bier? Passt das?

Martin's Bräu im Herzen von Freiburg, direkt am namensgebenden Martinstor gelegen, geht sogar noch einen Schritt weiter: Man macht dort das Sauerkraut MIT Bier! Und ist damit über die Jahre ebenso bekannt geworden wie mit den Bieren selbst.

Seit 1989, also als eine der ersten Gasthausbrauereien der neueren Generation, besteht das rustikal mit viel Holz und dunklem Leder eingerichtete Brauhaus Martin. Auch wenn es Anfang 2015 komplett renoviert wurde, die blank polierten Kupferkessel leuchten dem Gast immer noch einladend entgegen. Und ebenso wie die Brauanlage ist auch die offene Küche für alle Gäste einsehbar, was dem Aufenthalt dort Erlebnischarakter verleiht. Das Lokal bietet innen rund 200 Gästen Platz, im Freien gibt es während der warmen Jahreszeit weitere rund 100 Sitzplätze.

Gebraut werden seit Beginn klassische Sorten wie Pils und Export, aber auch hier hat man sich vom Boom der Craftbiere mitreißen lassen und bietet mal ein India Pale Ale oder andere Spezialitäten an. Alles naturtrüb, das ist Ehrensache.

Für die ganz Durstigen wird das Bier in großen Krügen (*Pitchern*) gezapft und serviert. Gekocht wird deftig (Braumeisterplatte, Spanferkel oder Bratwurstring) und gerne auch regional (Knöpfle in verschiedenen Variationen oder Schäufele). Biersauerkraut ist entweder dabei oder man bestellt es extra. Wer da nicht satt wird, ist selbst schuld.

 Produktion in Zahlen: Das Sudhaus hat eine Größe von zehn Hektolitern. Gebraut wird nach Bedarf, saisonal schwankend.

 Sorten: Pils, Weizen, Helles, Export. Gelegentlich gibt es Spezialbiere.

Führungen/Veranstaltungen: Da die Brauerei im Gastraum liegt, ist das meiste gut einsehbar. Für detaillierte Führung einfach nachfragen.

PRIVATBRAUEREI ROGG KG /// FAMILIE JOACHIM ROGG ///
BONNDORFERSTRASSE 61 /// 79853 LENZKIRCH/SCHWARZWALD ///
0 76 53 / 7 00 /// WWW.BRAUEREI-ROGG.DE ///

EIN HERZ FÜR WANDERBRAUER
Brauerei Rogg, Lenzkirch

45

Seit 1846 braut Rogg in Lenzkirch und hat als Einzige das große Brauereisterben in der Region Hochschwarzwald überlebt. Aus dem Gasthof mit angeschlossener Kleinbrauerei zur Deckung des eigenen Gastronomiebedarfs ist eine veritable Familienbrauerei mit zwölf Mitarbeitern geworden. Bio-zertifiziert, umweltfreundlich, nachhaltig arbeitend. Mit modernen Anlagen wie zum Beispiel einem energieeffizienten Sudhaus und einer professionellen Flaschenabfüllung. Alles in historischen Räumlichkeiten und in überschaubarem, professionell-gemütlichem Rahmen. Somit also äußerst attraktiv für Brauer ohne eigenen Betrieb. Joachim Rogg hat frühzeitig die Zeichen der Zeit erkannt und beherbergt immer wieder Wanderbrauer. Aus Freiburg ist das Braukollektiv regelmäßig zu Gast, das SchwarzwaldGold aus Vörstetten wird bei Rogg gebraut, und von über der Grenze, aus Basel, hat mit Kitchen Brew sogar ein Schweizer Wanderbrauer seine Visitenkarte hier abgegeben. So kommen Rogg-Biere auch unerkannt durchs Land. Außerdem bietet Rogg Braukurse oder Selberbrauen in einer 50-Liter-Brauanlage an. Details dazu auf der Website.

Im Gasthof wird gut und deftig gekocht, auch mit eigenen Bieren. Da überdies noch zwei Brennereien angeschlossen sind, lohnt es sich, vorher eine Übernachtung in einem der hauseigenen Zimmer oder auf dem zugehörigen Campingplatz zu buchen.

 Produktion in Zahlen: Der Jahresausstoß beträgt etwa 4.800 Hektoliter.

 Sorten: Für eine kleine Brauerei bietet Rogg ein großes Sortiment. Angeführt von Pils und Zipfel (in einer speziellen Flasche) gibt es noch Hefeweizen hell und dunkel, Landbier, Helles und Dunkles sowie zwei Biobiere und zwei Mischbiere. Saisonal einen kräftigen Winterbräu. Zusätzlich noch Lohn- und Wanderbrauerbiere.

Führungen/Veranstaltungen: Informationen zu Führungen, Verkostungen und Bierbrauseminaren finden sich auf der Website. In der alten Malztenne kann man in einer Gruppe eine »Brauolympiade« veranstalten. Für alle Angebote ist eine Anmeldung erforderlich.

KUNSTVOLLER BRAUEREI-AUSLEGER IN BAMBERG

REISENDER, KOMMST DU NACH FRANKEN ...
Bamberg

... dann musst du Bamberg mit seinem berühmten Kaiserdom besuchen und das noch berühmtere Rauchbier probieren. So oder so ähnlich kann man es in jedem Reiseführer über Bamberg lesen. Was wäre eine Stadtbesichtigung ohne einen Besuch beim berühmten Schlenkerla? Aber der Einheimische geht nicht allein des Biers wegen dorthin. Es ist das Ambiente des Brauereiausschanks: Das Schlenkerla Märzen, ein schweres, dunkles Rauchbier, fließt wie eh und je aus Holzfässern in die Gläser und Krüge der Durstigen. Ganz traditionell werden die Fässer mit einer Karre zum Ausschank gebracht, wo sie der Schankkellner auf den Fassbock wuchtet und mit einem glänzenden Messinghahn »bayerisch« ansticht. Mancher Stammgast, so erzählt man sich, wartet mit seiner Bestellung, bis ein neues Fass angestochen ist. Der Geheimtipp im Winter ist die Schlenkerla Eiche, ein Bockbier, bei dem das typische Aroma von Eichen- statt Buchenspänen stammt.

Mit so einem Schlenkerla Märzen hat man freilich die Bierlandschaft der Stadt nicht annähernd kennengelernt. Nur zwei Häuser weiter findet man sich in Bambergs einziger Gasthausbrauerei wieder, dem 2004 eröffneten Ambräusianum. Drei Sorten werden dort das Jahr über gebraut, ein Helles, ein Dunkles und ein Weizen – alle drei natürlich unfiltriert. Zur Sandkerwa kommt noch das offizielle Festbier dazu und im Winter ein Bock.

So wie das Schlenkerla und das Ambräusianum nur wenige Meter trennen, liegen sich in der Oberen Königstraße die Brauereien Fässla und Spezial gleich gegenüber. Beim Fässla grüßt ein bierselig grinsender Zwerg vom Flaschenetikett her und im Eingang, der »Schwemme«, zeigen die Zwerge auf schönen Wandmalereien, wie das leckere Fässla-Bier gebraut wird. Der heimliche Star im Fässla, ein schönes, dunkles Märzen, hört deshalb auf den Namen »Zwergla«. Mit satten 6,0 Prozent ist das fast schon »bockstark«. Zur Winterzeit geht aber noch mehr: Den Bambergator, Bambergs stärkstes Bockbier, rollen die fleißigen Zwerge der Brauerei mit satten 8,5 Prozent Alkohol vom Brauereihof.

Auf der anderen Straßenseite taucht man wieder in die fränkische Rauchbierwelt ein. Die Brauerei Spezial hat den vielleicht schönsten

Brauereiausleger – anderswo würde man Wirtshausschild sagen – der Stadt. Vom stolzen Löwen über dem Brauerstern bis hin zur Gottesmutter zeigt er eine fast schon verschwenderische Symbolfülle. Dahinter wartet eine urige Wirtsstube, die wie in Franken üblich mit dunklem Holz vertäfelt ist. Die langen Holztische sind Treffpunkt für sprichwörtlich Gott und die Welt: Studenten sitzen neben Einheimischen, die wiederum neben Touristen aus aller Welt Platz genommen haben. Und nach der großen Fronleichnamsprozession, bei der die Zünfte und Bruderschaften wie seit Jahrhunderten schwere Marien- und Heiligenfiguren den Prozessionsweg vom Dom durch die Altstadt und zurück auf ihren Schultern tragen, erholen sich die in schwarzen Hosen und weißen Hemden gewandeten Gärtner und Häcker in der Brauerei beim einen oder anderen Seidla »Spezi«. So nennen die Bamberger liebevoll das angenehm rauchige, bernsteinbraune Lager. Daneben lassen sich noch ein intensiveres, ebenfalls rauchiges Märzen und ab Oktober/November ein zünftiger, dunkler und ebenfalls rauchiger Bock entdecken. Wer es nicht rauchig mag, bestellt sich das Weizen oder noch lieber »a U«.

Wenn der Bamberger »a U« sagt, meint er damit: »Ein ungespundetes Kellerbier, bitte!« Am häufigsten hört man diese wohl kürzeste Bierbestellung der Welt im Stadtteil Wunderburg bei der Brauerei Mahrs. Auch im Mahrs wird das Bier bayerisch angestochen – vor allem das ungespundete Kellerbier. Darunter versteht man ein bernsteinfarbenes, trübes Bier, das weniger Kohlensäure enthält. Das Mahrs ist übrigens ein beliebter Treff zum »Stehgammeln«, was man heute neumodisch ein »After-Work-Beer« nennen würde. Man trifft sich zum Beispiel nach der Arbeit im Eingangsbereich der Brauerei, bestellt an einem Fenster zum Ausschank im Gastraum sein Bier, bezahlt es gleich und trinkt es im Stehen. Nicht nur im Mahrs, aber in dessen leicht düsterem Eingang mit seinen unebenen Steinplatten und schweren Holzbalken »stehgammelt« man am stilvollsten.

Auch vom Mahrs sind es nur wenige Schritte bis zur nächsten Brauerei, dem Keesmann gegenüber. Wer in Bamberg ein Pils sucht, geht ins Keesmann mit seinem markanten Sandsteingebäude und dem lauschigen Brauereihof.

Um Bambergs älteste Brauerei, Klosterbräu an der Oberen Mühlbrücke, zu erreichen, macht man sich wieder zurück auf den Weg in

»die Domstadt«, wie der Bamberger den Stadtteil jenseits des berühmten Brückenrathauses nennt. 1333 wurde das heutige Klosterbräu erstmals urkundlich erwähnt. Von 1533 bis 1790 war es das »Fürstbischöfliche Braunbierhaus«. Zum Gebäudeensemble der Brauerei gehört unter anderem das mittelalterliche Zehnthaus mit seinem imposanten Gewölbe und dem hohen Fachwerkgiebel. Der Tradition als »Braunbierhaus« folgend schenkt man dort ein malziges Braunbier und mit dem Schwärzla Bambergs urigstes Dunkles aus.

Wer gut zu Fuß ist, macht sich zum naheliegenden Kaulberg auf. Bei der Brauerei Greifenklau am Laurenziplatz sitzt man im Sommer in Bambergs schönstem Biergarten und genießt neben dem Lagerbier wechselnde Spezialbiere. Die können für fränkische Verhältnisse sehr außergewöhnlich sein: Hopfengestopfte Lagerbiere im Sommer und fassgereifte Bockbiere zum Stärk-Antrinken am 6. Januar mischen auf spielerische Art urige Traditionen mit dem Geschmack der großen, weiten Welt.

Überhaupt lohnt sich in Bamberg der Weg nach oben! Man muss ja nicht unbedingt jeden der sieben Hügel, die der Stadt den Beinamen »fränkisches Rom« gegeben haben, erklimmen. Aber vom Kaulberg ist es nur ein Katzensprung zum Stephansberg mit seinen Bierkellern. Durch den Sandstein der sieben Hügel zieht sich ein Geflecht aus kilometerlangen Stollen und Gängen. Im Mittelalter wurde der weiche Sandstein ausgehöhlt, um Scheuersand zu gewinnen. Später stellte man fest, dass sich die acht Grad kühlen Gänge ideal zur Lagerung von Bier eignen. Um das kühle Nass im Sommer nicht erst durch die ganze Stadt schleppen zu müssen, legten die Wirte auf ihren Bierkellern schattige Biergärten an. Den Stephansberg hinauf reihte sich ein Kellerhäuschen an das andere. Bis heute haben sich der Stöhrenkeller, der Spezial-Keller und der Bierkeller Wilde Rose erhalten – und ziehen im Sommer wie ein Magnet die Bevölkerung der Stadt nach oben. Auf dem Spezial-Keller und auf der Wilden Rose kann man noch eine weitere gelebte Tradition entdecken: Nach altem Recht darf man »auf vielen Bierkellern« seine Brotzeit mitbringen, am besten in einem Korb mit eigenem Besteck und Tellern und nicht zu vergessen mit einer rot-weiß karierten Tischdecke. Zum Picknick holt man sich dann vor Ort die Getränke und das Bier im Ausschank. Natürlich gibt es in den Biergärten der Bierkeller auch eine Speisekarte mit typischen Gerichten für all jene, die nicht »Selbstversorger« sein möchten. Die schönste Aussicht hat man vom Spezial-Keller aus, mit Blick auf die Kirchen, die Stadt, ja das ganze Regnitztal unter sich.

Die große, weite Welt beliefert Bambergs größte Brauerei, die im Stadtteil Gaustadt beheimatete Kaiserdom. Deren »Bier-Specialitäten« werden immerhin in mehr als 50 Länder exportiert und machen dort Werbung für die Bierstadt Bamberg.

Der Geheimtipp unter Bambergs Brauereien ist die Braumanufaktur der Mälzerei Weyermann®. Erhältlich sind die exklusiven Biere der Braumanufaktur vor allem im Weyermann® Fan Shop in der Brennerstraße, nebenbei auch noch einer der interessantesten Bierläden der Stadt. Vom traditionellen Rauchbier bis hin zu exotischen Braukreationen mit Süßholz, Salbei oder Minze – das wechselnde Sortiment lockt Bierfreunde aus aller Welt in die fränkische Biermetropole.

Denn wonach einem auch der Sinn stehen mag – in Bamberg findet jeder den passenden Gerstensaft für sich.

von Norbert Krines

Der Gastautor: Norbert Krines wurde die Liebe zur fränkischen Bier- und Brauereikultur fast schon in die Wiege gelegt. 1973 kam er in der »heimlichen Hauptstadt des Bieres« Kulmbach zur Welt. Für sein Studium zog er in die »wahre Hauptstadt des Bieres« Bamberg, wo er heute als Texter/Lektor und Dozent an der Otto-Friedrich-Universität arbeitet. Im Rahmen seiner Tätigkeit vermittelt er Studenten und Gästen aus aller Welt immer wieder die Faszination fränkischer Biere. In seinem Blog www.bierdestages.de beschreibt er seit Januar 2011 jeden Tag ein anderes fränkisches Bier – es sind bereits über 1.700 Berichte! Ziel dieses Projekts ist es, alle in Franken gebrauten Biere zu erfassen, zu beschreiben und die Bierregion Franken in ihrer Gänze abzubilden.

MAISEL & FRIENDS BRAUWERKSTATT /// BRAUEREI GEBR. MAISEL KG ///
ANDREAS-MAISEL-WEG 1 /// 95445 BAYREUTH /// 09 21 / 40 10 ///
WWW.MAISEL.COM /// WWW.MAISELANDFRIENDS.COM ///

In Bayreuth steht seit 1887 die inzwischen viertgrößte Weißbier-
brauerei Deutschlands. Sie sollte nach dem Willen ihrer Gründerväter
immer von zwei Mitgliedern der Familie geführt werden, um einen
Verkauf auszuschließen. Nach dem frühen Tod von Andreas Maisel 2007 wurde dies jedoch für eine Weile unmöglich. Und so leitet
Jeff Maisel die Brauerei in vierter Generation derzeit allein. So lange,
bis die fünfte Generation reif ist, ihr Erbe anzutreten. Jeff hatte sich
schon als Kind oft mit Vater Oscar und Onkel Hans in der Brauerei
aufgehalten und Pläne für die alten Gemäuer geschmiedet. Zusammen mit seinem Cousin Andreas Maisel hat er den Traum dann lange
mit sich herumgetragen, die in die Jahre gekommenen Gebäude der
Brauerei mit einer modernen Gastronomie aufzuwerten. Der Craftbier-Boom tat sein Übriges zur Motivation. Und so läuft das Projekt
»Maisel & Friends Brauwerkstatt« – eine beeindruckend ausgestattete
Schaubrauerei – kombiniert mit dem »Liebesbier« – einer modernen,
urbanen Gastronomie – auf vollen Touren und wird zeitgleich mit
dem Erscheinen dieses Buches eröffnet werden. Das Andenken an
Jeffs Maisels verstorbenen Cousin sorgt dabei für eine neue Adresse
auf der Visitenkarte der Brauerei: »Andreas-Maisel-Weg 1«.

Auch der neue Weg zum bereits seit Jahren bestehenden, wunderbar eingerichteten Brauerei- und Büttnereimuseum führt dann
durch die neue Brauwerkstatt.

 Produktion in Zahlen: Maisel produziert circa 420.000 Hektoliter
pro Jahr.

 Sorten: Maisel's Weisse (Original, Light, Alkoholfrei, Dunkel,
Kristall), Edelhopfen EXTRA, Bayreuther Bio-Weisse, Krit-
zenthaler Alkoholfreies Pilsner. Dazu die Craftbier-Linie Maisel & Friends (Stefan's Indian Ale, Jeff's Bavarian Ale, Marc's
Chocolate Bock, Pale Ale)

 Führungen/Veranstaltungen: Brauwerkstatt und Museum können
täglich zu den Öffnungszeiten besichtigt werden. Besondere Verkostungen und Veranstaltungen sind auf der Website erfahrbar.

ZOIGL

ZOIGLSTUBE »BEIM KÄCK'N« /// FAMILIE SCHÖNBERGER ///
MARKTPLATZ 18 /// 92670 NEUHAUS /// 0 96 81 / 27 69 ///
WWW.ZOIGLBIER.DE/NEUHAUS/KAECK.HTML ///

Ohne den Oberpfälzer Zoigl wäre ein Buch über Bier nicht komplett. In Windischeschenbach und seinem Ortsteil Neuhaus ist eine besondere Tradition seit dem 15. Jahrhundert erhalten geblieben: die Kommunbrauhäuser. Eine Vereinigung der brauenden Bürger im Ort finanziert diese Brauhäuser – eines pro Ort – mit dem sogenannten »Kesselgeld« (einer Art Mitgliedsbeitrag); genutzt werden sie dann reihum. Gebraut wird ein Bierstil, ein sehr süffiges, untergäriges Helles, ein »Zoigl« halt. Ohne Schielen nach Masse und Profitmaximierung. Und was dem Schwaben seine Besenwirtschaft, dem Österreicher sein Heuriger, das ist dem Oberpfälzer seine Zoiglstube. Wenn draußen der sechszackige Brauerstern an der Fassade hängt, ist dies das Zeichen für den Ausschank frisch gebrauten Biers. Für eine kurze Zeit öffnet die Brauerfamilie Haus, Hof und Küche, schenkt Bier aus, begleitet von frischen, deftigen Mahlzeiten. Bis alles leer getrunken ist. Dann ist der nächste Brauer an der Reihe. In Windischeschenbach gibt es noch zehn Zoiglbrauer, in Neuhaus derer fünfe.

Der Zoigl wird sehr traditionell gebraut, in einigen Bereichen hat die moderne Technik noch nicht Einzug gehalten: Holzfeuerung, offenes Kühlschiff und die Handschrift des Brauers lassen jeden Zoigl anders schmecken. Um sich von anderen Brauern abzugrenzen, die auch Zoigl anbieten, wurde vor einigen Jahren das Siegel »Echter Zoigl vom Kommunbrauer« eingeführt. Ein Besuch in einer belebten Zoiglstube, inmitten unter Bierfreunden, in braten- und bierdunstgeschwängerter Luft, ist ein wunderbares Erlebnis.

 Produktion in Zahlen: Genaue Angaben sind beim Zoigl sehr schwierig. Alle Kommunbrauer in Neuhaus produzieren zusammen pro Jahr etwa 400 Hektoliter.

Sorten: Es gibt Zoigl. Zum dort Genießen oder zum Mitnehmen frisch abgefüllt in Ein-Liter-Bügelflaschen. Muss aber dann schnell getrunken werden.

Führungen/Veranstaltungen: Am besten ist es, einen Blick in den Zoigl-Kalender auf der Homepage zu werfen.

David Hertl war 2015 nicht nur Bayern jüngster Braumeister und Bier-sommelier, er bringt auch frischen Wind in die traditionelle fränkische Bierlandschaft. Wer diesen sympathisch-bierverrückten jungen Mann auf dem elterlichen Hof in Schlüsselfeld besucht – gleich an der A3, im Dreieck Würzburg–Bamberg–Nürnberg –, findet eine sehr kleine Brauerei vor, die David Hertl komplett selbst geplant und aufgebaut hat. Er braut wilde, kreative Biere – bis zu 40 (!) verschiedene im Jahr, wie sie so in seiner bierliebenden Heimat noch nicht getrunken wur-den. Er experimentiert mit Whisky- und Bordeauxfässern, um seinen Bieren das gewisse Etwas zu verleihen. Arbeitet mit Früchten wie bel-gische Klosterbrauer, braut aber auch Bier strikt nach dem Reinheits-gebot. Und nicht nur die Besucher lassen sich leicht von seiner Begeis-terung anstecken, sondern er hat es geschafft, seine ganze Familie in das Projekt einzubeziehen. Zwei Brüder brauen mit, wenn es die Zeit erlaubt, bedienen auch mal die Bohrmaschine, die die Schrotmühle an-treibt; Mutter Vroni trebert den Läuterbottich aus oder kümmert sich um deftige Brotzeiten, während Vater Hertl – selbst Biersommelier – abends in der guten Stube Etiketten auf Flaschen klebt. Auch für Bier mit eigenen Etiketten ist David Hertl zu haben.

Überdies ist der umtriebige Braumeister bei der Brauerei St. Er-hard in Hallerndorf bei Bamberg als Teilhaber und kreativer Kopf aktiv und sorgt bei den unlängst gegründeten Bierotheken in Bamberg, Nürn-berg und Erlangen dafür, dass Ideen und Nachschub nicht ausgehen.

 Produktion in Zahlen: In der eigenen Brauerei in Schlüsselfeld braut Hertl 300 Liter pro Sud.

Sorten: Hauptsorten (ganzjährig) sind ein India Pale Ale und ein Kellerbier. Saisonal werden WTF WIT, Fränkische Leiden-schaft, Vronis Wild Blueberry Strong Ale, Smoke Porter oder Torf IPA gebraut.

Führungen/Veranstaltungen: Besucher sind stets willkommen. Mit spontanen Verkostungen muss gerechnet werden! Für kleinere Gruppen werden auch Brauseminare angeboten.

BRAUHAUS AM KREUZBERG /// KREUZBERG 1 ///
91352 HALLERNDORF-SCHNAID /// 0 95 45 / 47 36 ///
WWW.BRAUHAUS-AM-KREUZBERG.DE ///

ERLEBNISBRAUHAUS MIT SEGEN VON OBEN

Brauhaus am Kreuzberg, Hallerndorf

49

Wo braut ein Bischof schon mal Bier? Am besten gleich neben einer Wallfahrtskirche; dort, wo durstige Jakobswegpilger gerne Halt machen. Im Jahr 2012 kreierte der Eichstätter Bischof Gregor Maria Hanke im Hallerndorfer Brauhaus am Kreuzberg einen »Pilgertrunk« für einen guten Zweck. Das war aber die Ausnahme. Normalerweise ist das Aufgabe des Ehepaars Winkelmann. Luitgard Friedel-Winkelmann ist Braumeisterin, Norbert Winkelmann ist Metzger, Koch, Hotelbetriebswirt, Biersommelier, Brauer und Brenner. Ein echter Alleskönner.

Das ist auch hilfreich, denn seit im Jahr 2007 Brauerei und Brennerei auf den Bierkeller am Kreuzberg verlegt wurden, firmiert das Gesamtensemble als »Erlebnisbrauhaus«. In einem eigens gebauten Kinosaal kann mit modernster Technik in einem Kurzfilm die wunderschöne Schaubrauerei wie auch die Brennerei in fünf Dimensionen erlebt werden, mit Effekten wie Sprühnebel, Hitze, Wind, Bewegung. Auch wegen der regionalen Speisen und natürlich wegen des guten Biers lohnt sich ein Abstecher nach Hallerndorf. Besonders für Familien mit Kindern, denn die Kinder können sich im Wald und auf dem Spielplatz austoben, während die Erwachsenen drinnen oder im großen, gemütlichen Biergarten den leiblichen Genüssen frönen.

 Produktion in Zahlen: Im Sudhaus werden acht Hektoliter pro Sud produziert.

 Sorten: Der Hallerndorfer Zwickel ist schon jetzt ein Klassiker. Außerdem wird Pils, Schlotfegerla, Weizen, Pilgertrunk, Roggenbier, Dampfbier und Zoigl gebraut. Dazu noch spezielle, fassgelagerte Bockbiere (Cognac, Whisky, Sherry). Saisonal schwankend.

Führungen/Veranstaltungen: Auf Anfrage, angeboten werden vier verschiedene: *Gambrinus – Führung mit Bierprobe (3 × 0,1 Liter), Laurentius – Führung, Brauerbrotzeit und Bierprobe, Jacobus – Führung, Biergericht und Bierprobe* sowie *Die Geistreiche – Laurentius mit Bierbrand.* Außerdem finden regelmäßig Brauseminare und Braukurse statt, Anmeldung erbeten.

BRAUEREI MICHAEL PLANK /// MARKTPLATZ 1 /// 93164 LAABER ///
0 94 98 / 87 07 /// WWW.BRAUEREI-PLANK.DE ///

WELTMEISTER MIT LANGER AHNENREIHE

Brauerei Michael Plank, Laaber

50

Wenn Michael Plank (der 16.) über seinen Start als Brauereichef erzählt, dann hört sich das weniger tragisch an, als es damals gewesen ist. Wie sein Vater Michael (der 15.) mit 54 Jahren im Sudhaus umgefallen und nicht mehr aufgestanden ist. Wie er dann mit 21 Jahren ranmusste, ohne Vorgaben, aber auch ohne jemand, der ihn zurückhielt. »Mach mal, ist ja sonst keiner da …«, hat die Mutter nur gesagt.

Heute, gut zwei Jahrzehnte später, ist Michael Plank ein zufriedener und extrem erfolgreicher Brauer. Genau wie die meisten seiner Vorfahren, die ihm über 400 Jahre mit Bier und Immobilien ein solides Fundament geschaffen haben.

Von außen sieht alles sehr normal aus. Doch ein Blick hinter die Kulissen offenbart: Die Brauerei ist bis ins letzte Detail vollautomatisiert. Von der Wasseraufbereitung bis zum Abwassertank könnte Plank zur Not die ganze Bierproduktion über sein Handy steuern. Hightech überall. »Bin halt ein Technikfreak«, sagt er fast entschuldigend.

Auch Pokale, Medaillen und Urkunden sieht man reichlich. Vielfacher Weltmeister beim World Beer Cup ist Plank. Das spricht sich herum in der Welt des Bieres. Und so exportiert Plank einen guten Teil seiner Produktion in 24 verschiedene Länder. Meist in Eigenregie, mit eigenen Kühlcontainern. Da weiß er, dass das Bier gut ankommt.

Dann erzählt er noch stolz vom ältesten Sohn. Michael (der 17.), der zwar noch kein Bier trinken darf, aber schon welches braut, nach eigenen Rezepten. Der sich vom Geld für seine Erstkommunion seinen ersten eigenen Biertank gekauft hat. Nun merkt man endgültig, dass die Familie Plank das Bierbrauen im Blut hat. Und es scheint sicher, dass die Dynastie aus vier Jahrhunderten Michael Planks mindestens noch eine Generation weitergeht.

Produktion in Zahlen: etwa 15.000 Hektoliter Jahresproduktion

Sorten: Hefeweizen (hell, leicht), Pilserl, Dunkles Radler, Export, Dunkles, Weizenbock (hell, dunkel). Saisonbiere sind Red Lion IPA und ein heller Bock.

Führungen/Veranstaltungen: Brauereiführung nach Vereinbarung

»Perle des Fränkischen Barock«, so nennt die mittelfränkische Kleinstadt Ellingen sich selbst auf ihrer Website. Tatsächlich treffen kaum irgendwo Braukunst und Barock so schön aufeinander wie hier, in der Schlossbrauerei Ellingen. Mindestens seit 300 Jahren wird hier Bier gebraut, derzeit unter der Ägide von Fürst Carl Christian von Wrede. Dessen Familie gehört seit über 200 Jahren das Ellinger Schloss. Heute wird die Produktion mit rein regionalen Rohstoffen gefahren, das Wasser kommt aus einer eigenen Quelle und das Malz aus fränkischen Mälzereien. Auch der Hopfen stammt aus Ellingen und Umgebung. Besonders bei Schönwetter kann die harmonische Parkanlage mit dem imposanten Schloss, der Brauerei und dem angrenzenden Braugasthof touristisch punkten. Bei einem frisch gezapften Bier aus dem klassisch fränkisch untergärigen Programm der Brauerei (darunter ein preisgekröntes Dunkles) vor einem Teller mit typisch fränkischem Gericht (einige davon mit Bier verfeinert) unter den alten Bäumen des Parks sitzend – da lässt es sich wunderbar entspannen.

Braumeister Stefan Mützel zeigt gerne, wo er und seine zehn Mitarbeiter Tag für Tag ihre Arbeit leisten. Beim schönen Kupfersudwerk beginnen die Führungen durch die Brauerei mit einem ungewöhnlichen 3D-Film. Man kann den Hopfen förmlich riechen, während er in die Sudpfanne geworfen wird.

 Produktion in Zahlen: Im Sudhaus werden 80 Hektoliter/Sud produziert. Der Jahresausstoß beträgt etwa 7.000 Hektoliter.

 Sorten: Export, Pils, Dunkel, Hell, Leicht, Josefibock, Winterbock

Führungen/Veranstaltungen: Führungen und Verkostungen in allen Varianten, bisweilen begleitet von der Deutschen Bierakademie. Von normaler Touristen- bis hochwertiger Expertenführung, alles ist möglich. Gegen Anmeldung kann man exotische Biererlebnisse buchen, wie Bierstacheln, Sabrieren oder Eisbockbereiten. Brauseminare werden angeboten, auch themenbezogen wie »Käse und Bier« oder »Schokolade und Bier«.

RIEDENBURGER BRAUHAUS /// MICHAEL KRIEGER KG ///
HAMMERWEG 5 /// 93339 RIEDENBURG /// 0 94 42 / 9 91 60 ///
WWW.RIEDENBURGER.DE ///

Im romantischen Altmühltal, am Fuß der Rosenburg, liegt der Luftkurort Riedenburg. Bekannt ist das kleine, beschauliche Städtchen vor allem durch seine beiden Brauereien. Und um eine davon, das Riedenburger Brauhaus, geht es hier. Seit 1866 braut die Familie Krieger in Riedenburg Bier. Zunächst unter dem Namen »Unterkrieger«, unten im Tal. Der »Oberkrieger« von oben auf dem Hügel zog irgendwann davon und übernahm in Landau eine kleine Brauerei (Brauerei Krieger, S. 161). Mittlerweile sind die Unterkrieger bis weit über die Grenzen des Landkreises Kelheim bekannt. Und das aus verschiedenen Gründen: Zum einen gehört das Riedenburger Brauhaus zu den ersten zertifizierten Braustätten, die zu 100 Prozent Biobiere produzieren. Zum anderen liebt Inhaber Maximilian Krieger Biere mit Vollkorn beziehungsweise Urkorn: Emmer, Einkorn, Dinkel und Hirse sind bei ihm keine exotischen, sondern übliche Zutaten, die eigens für seine Biere in einer Kooperation mit dem Kloster Plankstetten angebaut werden. Auch wenn der Bayerische Brauerbund bisweilen grimmig auf diese neuen alten Rohstoffe reagiert. Weiterhin verzichten die Riedenburger bereits seit 1997 darauf, die Biere zu filtrieren, was besonders den Ales zugutekommt, mit denen sich die Brauerei als einer der ersten im Craftbier-Segment ein festes Standbein verschafft hat.

 Produktion in Zahlen: Die Jahresproduktion beträgt etwa 25.000 Hektoliter.

Sorten: Hauptsorten sind Emmerbier, Pils, Helles und Weizen (Ur-Weizen, Weizen Hell, Weizen Leicht, Weizen Dunkel, Weizendoppelbock). Nischensorten sind Festbier, Saisonbiere wie Maibock) und die anderen Urgetreide-Biere (Einkornbier, Hirsebier, Dinkelbier, 5-Korn-Bier). Immer stärkeren Zuspruch finden die Ales (Dolden Sud, Dolden Sommer Sud, Dolden Dark Porter). Seit 2015 gibt es selbst gebraute Limonaden.

Führungen/Veranstaltungen: Von Mai bis September werden donnerstags Führungen angeboten. Am 3. Oktober findet jedes Jahr ein großer Bauernmarkt in der Brauerei statt.

KLOSTERBRAUEREI MALLERSDORF /// KLOSTERBERG 1 ///
84066 MALLERSDORF-PFAFFENBERG /// 0 87 72 / 69 00 ///
WWW.MALLERSDORFER-SCHWESTERN.DE ///

DIE BRAUENDE NONNE

Klosterbrauerei Mallersdorf, Mallersdorf-Pfaffenberg

53

Im Jahre 1623 wurde im damaligen Benediktiner-Kloster, dem heutigen Mutterhaus der Armen Franziskanerinnen von der Heiligen Familie, eine Brauerei gegründet. Bis heute wird sie betrieben, und das seit über 40 Jahren von der berühmtesten Nonne Deutschlands: der Braumeisterin Schwester Doris. Bekannt aus Film, Funk und Fernsehen, Magazinen und Zeitungen. Die einzige brauende Nonne der Welt!

Während meiner Studienzeit, besser gesagt in den Semesterferien 1988, hatte ich das Vergnügen, einige Arbeitswochen in der Klosterbrauerei Mallersdorf zu verbringen. Ich war beeindruckt von der zupackenden, tatkräftigen Art und der Professionalität der damals dort arbeitenden drei Nonnen, von denen Schwester Doris die jüngste war. Seit jener Zeit ist die Brauerei in mehreren Schritten gezielt modernisiert und erweitert worden. Der rustikale, gemütliche Charme der Brauerei und die herzliche, zutiefst bayerische Lebensart der brauenden Nonne, nun unterstützt von »weltlichen« Arbeitern, sind jedoch geblieben. Und mit ihnen auch, glücklicherweise, das Kühlschiff auf dem Dachboden: eine anachronistisch anmutende kupferne Vorrichtung zum Kühlen der frisch gekochten Bierwürze. Das ist auch gut so, denn das Kühlschiff ist wesentlich für den »Hausgeschmack« des Mallersdorfer Biers verantwortlich. Eines Geschmacks, der ständig neue Liebhaber findet.

 Produktion in Zahlen: Im Sudhaus werden 40 Hektoliter/Sud produziert. Der Jahresausstoß beträgt etwa 3.000 Hektoliter, dazu etwa 800 Hektoliter Limonade. Etwa ein Drittel der Erzeugnisse wird im Kloster konsumiert, der Rest außer Haus verkauft.

 Sorten: helles Vollbier, ungefilterter Zoigl, heller Bock und Doppelbock

 Führungen/Veranstaltungen: einfach klingeln oder das Bier im nebenan gelegenen Klosterstüberl genießen

PRIVATBRAUEREI STÖTTNER /// MARKTPLATZ 9 ///
84066 MALLERSDORF-PFAFFENBERG /// 0 87 72 / 9 60 80 ///
WWW.STOETTNER.DE ///

EIN BAYERISCHES URGESTEIN

Privatbrauerei Stöttner, Mallersdorf-Pfaffenberg

54

Nur wenige Kilometer von Schwester Doris und der Klosterbrauerei Mallersdorf entfernt, mitten im Herzen Niederbayerns, befindet sich die kleine Privatbrauerei Stöttner, die bereits in vierter Generation von Familie Stöttner geführt wird. Andreas Stöttner, ein Zweimeter-Hüne, ist ein echtes, liebenswertes bayerisches Urgestein, und neben seiner Funktion als Brauereibesitzer noch der erste zertifizierte Bierbotschafter Bayerns. Er legt Wert auf Regionalität und verwendet für seine Biere nur Malz und Hopfen aus der nächsten Umgebung.

Die Brauerei wurde in den letzten 20 Jahren stetig modernisiert und erweitert; mittlerweile beschäftigt Stöttner 20 Mitarbeiter. Es ist sehr interessant zu sehen, wie geschickt hier auf engstem Raum gute technische Lösungen und Neuerungen durchgeführt wurden.

Das Biersortiment ist klassisch bayerisch, wobei der Schwerpunkt auf verschiedene Weißbiere gelegt wurde. Außerdem wurde 1996 mit dem Schwarzen Pfaff das erste Schwarzbier Niederbayerns auf den Markt gebracht.

Stöttner geht mit der Zeit: Ein Onlineshop und Vertriebswege weit über die Grenzen Bayerns hinaus (NRW und Niedersachsen) sind nicht selbstverständlich für eine Brauerei dieser Größenordnung.

 Produktion in Zahlen: Stöttner braut im Jahr etwa 15.000 Hektoliter.

Sorten: Es wird das komplette bayerische Sortiment angeboten: drei Sorten Weißbier (hell, dunkel, leicht), zwei Starkbiere (Weißbierbock und Dunkler Doppelbock), eine paar untergärige Biere (Neues Helles, Export, Schwarzbier, Festbier, Urpils) sowie einige Biermischgetränke, Mineralwasser und Limonaden.

Führungen/Veranstaltungen: Brauereibesichtigungen sind nach Anmeldung möglich. Wer durstig geworden ist, kann sich im Anschluss die Biere im Brauereigasthof schmecken lassen.

Leider setzen zu wenige Menschen ihren beruflichen Traum beziehungsweise eine ersehnte berufliche Neuausrichtung konsequent um. Zu oft sind es Sachzwänge, die einen im eingefahrenen Gleis weiterfahren lassen. Johann Brandstetter war gut bezahlter Vertriebsmanager bei einem Branchenriesen in der Getränketechnik. 20 Jahre lang ist er die Karriereleiter hinaufgeklettert. Aber irgendwann wollte er nicht mehr. Sah die Craftbier-Szene blühen und gedeihen und wollte aus seinem Brauhobby mehr machen. Also zog er die Reißleine und eröffnete 2014 Brandy's Braugarage im beschaulichen Wallersdorf im tiefsten Niederbayern: eine kleine, aber feine Brauerei, dazu ein geschmackvoll eingerichteter, gemütlicher Tasting Room nebst einem kleinen Craftbiershop – auch als Onlineshop zugänglich – mit internationalen Spezialitäten. 200 Liter braut er pro Sud, gelegentlich zieht es ihn als halben Wanderbrauer in größere Brauereien. Kreativ und gut verändert er traditionelle Rezepte mit neuen Hopfensorten, wagt bisweilen auch ganz Neues. Seine Kreationen tragen illustre Namen wie Red Baron, Black Magic Woman oder Tropical Sun.

Brandy hat weniger Geld als früher, dafür noch mehr Arbeit – aber er ist glücklich mit dem, was er macht. Viel Erspartes steckt in der Braugarage; schwarze Zahlen schreibt er noch nicht, aber Brandstetter ist zuversichtlich. Zu Recht.

 Produktion in Zahlen: Im ersten vollen Jahr 2014 wurden 300 Hektoliter produziert.

 Sorten: Das Programm besteht aus India Pale Ale, Lagerbier, Stout, Weißbier, Amber Ale und Starkbier in den verschiedensten Ausprägungen.

 Führungen/Veranstaltungen: Während der Öffnungszeiten jederzeit möglich. Einmal im Monat veranstaltet Johann Brandstetter einen Braukurs. Um Anmeldung wird gebeten. Die aktuellen Termine stehen auf der Website.

KLEINER FAMILIENBETRIEB MIT TRADITION
Brauerei Wilhelm Krieger, Landau/Isar

Die kleine Brauerei Krieger in Landau/Isar, einer schön gelegenen Bergstadt im Herzen Niederbayerns, fand ihre erste Erwähnung bereits vor fast 400 Jahren und wird derzeit in der vierten Generation der Familie Krieger geführt. Zentral im Ort gelegen, sticht zuerst die schöne Fassade ins Auge, ein Werk des vor über 100 Jahren in Brauereikreisen sehr bekannten Architekten Theodor Ganzenmüller.

Hinter dieser Fassade geht es sehr traditionell handwerklich, beinahe anachronistisch zu. Bei einer Führung erlebt man kupferne Braukessel ohne jegliche Automatisierung, offene Gärbottiche, große Keller voll liegender Biertanks und einen Brauer, der auch gerne noch mit teurem Doldenhopfen braut.

Auf dem alten, eichenbeplankten Dachboden der ehemaligen Kastenmälzerei finden sich ein feines, liebevoll gestaltetes Brauereimuseum und eine Verkostungsstube für durstige Besucher.

Die technisch machbare Kapazität ist längst nicht erreicht; der Weg aus vergangenen schwierigen Zeiten zurück zum Erfolg ist lang und beschwerlich. Doch der junge Chefbrauer und Besitzer Michael Sturm ist zuversichtlich, die Brauerei weiter nach vorn zu bringen.

Das kleine Team von einem guten Dutzend Mitarbeitern braut ein rundes, marktübliches Sortiment von Bieren, versucht sich aber auch an neuen Kreationen, die sogar preisgekrönt wurden. Dazu wird ein in Bayern übliches Limonadensortiment angeboten.

 Produktion in Zahlen: Mit einem Sudhaus von 100 Hektolitern pro Sud werden derzeit 6.000 Hektoliter pro Jahr produziert.

 Sorten: Hell, Pils, Festbier, Weißbier (hell, dunkel, leicht), Dunkles, Zwickel, Radler, Floriani Bock (Dunkler Doppelbock, ausgezeichnet mit Silber beim World Beer Cup!).
Die neue Craftbier-Linie namens *Mikes Wanderlust* besteht aus Pale Ale, India Pale Ale und einem milden Porter.

 Führungen/Veranstaltungen: Führungen auf Anfrage oder, wenn Sie bereits vor Ort sind, einfach klingeln.

DIE HÜTER DES REINHEITSGEBOTES
Brauerei Aldersbach, Aldersbach

57

Bayerns Klöster haben eine sehr lange Brauerei-Tradition. Am bekanntesten sind Weihenstephan, Andechs und Weltenburg. Das Kloster Aldersbach liegt etwas abseits der gängigen Routen und ist unbedingt einen Besuch wert. Im Jahre 1146 als Zisterzienserkloster gegründet, spielte es bis zur Säkularisation und der Vertreibung der Mönche im Jahre 1803 eine bedeutende Rolle. Die Familie von Aretin kaufte das Kloster nebst Brauerei nur acht Jahre später – bis heute ist es in ihrem Besitz – und versteht sich als Förderer und Hüter bayerischer Bierkultur. Nicht nur das Kloster, sondern auch und besonders die Brauerei ist ein echtes Schmuckstück.»Brauereien« sollte man eher sagen. Denn neben der technisch und optisch beeindruckenden aktuellen Brauerei – wunderbar wurde modernste Technik mit altem Gemäuer verbunden – gibt es ein Brauereimuseum mit einem sehr schönen Sudwerk aus dem Jahr 1900. Im September 2015 wurde zudem eine Kleinbrauerei eingeweiht, die mit ihrer Mischung aus Kupferhauben und gläsernen Bottichen genaue Einblicke in den Brauprozess ermöglicht. Diese Anlage kann auch gemietet werden, und interessierte Hobbybrauer und solche, die es werden möchten, haben die Möglichkeit, dort unter Anleitung eines Brauers die Grundzüge der Bierherstellung zu lernen.

Nicht zuletzt für ihr Gesamtkonzept wurde die Aldersbacher Brauerei mit der Ausrichtung der offiziellen Landesausstellung zum 500. Geburtstag des Reinheitsgebotes (*Bier in Bayern*) belohnt.

Produktion in Zahlen: Der Jahresausstoß (Bier und alkoholfreie Getränke) beträgt etwa 90.000 Hektoliter.

Sorten: Bruder- und Schwesterbier, Klosterhell, Urhell, Ursprung, Festbier, Doppelbock Dunkel, Kloster Weisse Hell, Kloster Weisse Dunkel, Kloster Weisse (Leicht, Alkoholfrei, Spezial), Freiherrn Pils, Radler, Leicht, Alkoholfrei

Führungen/Veranstaltungen: Aufgrund der Landesaustellung gibt es für 2016 keinen regulären Führungsplan. Aktuelle Informationen finden sich auf der Website.

BRÄUSTÜBERL ZUM THORBRÄU

THORBRÄU AUGSBURG /// MAX KUHNLE GMBH & CO. KG ///
WERTACHBRUCKER-TOR-STRASSE 9 /// 86152 AUGSBURG ///
08 21 / 3 65 61 /// WWW.THORBRAEU.DE ///

Ein mächtiges, denkmalgeschütztes dunkles Holzsilo ragt aus der Häuserfront heraus, in der sich diese alte Braustätte befindet, die Thorbräu Augsburg. Denken Sie bitte nicht an die germanische Götterwelt, wenn Sie »Thorbräu« lesen. Der Name stammt von dem gewaltigen mittelalterlichen Wertachbrucker Stadttor, gleich gegenüber.

Seit mindestens 1582 wird bei Thorbräu Bier gebraut, heutzutage ein Vollsortiment aus klassischen wie feinen Biobieren, keltischbritisch inspirierten Ales und anderen obergärigen Spezialitäten. Das Brauwasser dazu stammt aus dem »tertiären Grundwassersystem« der Stadt Augsburg, aus 164 Meter Tiefe, und wird direkt, wie gefördert, zum Brauen verwendet. Seit circa 150 Jahren braut die Familie Kuhnle hier, derzeit ist es Max Kuhnle, seit einem kürzlichen Generationswechsel. Ein schönes Kupfersudwerk aus den 60er-Jahren, ohne Automatisierung, tief in den Untergrund reichende Lagerkeller voll mit Biertanks, ein historischer Braukeller – mit einem König-Ludwig-Gedächtniszimmer (!) – sowie ein modern eingerichtetes Bräustüberl lassen die Weitläufigkeit der Brauerei inmitten der Altstadt nur erahnen. Ein kleiner, gemütlicher Stadtbiergarten befindet sich gleich neben dem Stadttor. Gekocht und gegrillt wird klassisch deftig. Angeschlossen ist auch ein Craftbiershop (Sixxpack) mit einer Auswahl an Bieren aus aller Welt.

 **Produktion in Zahlen:** Pro Jahr werden 15.000 Hektoliter gebraut.

Sorten: Hauptsorten sind Hell, Export, Dunkel, Weizen, Kellerbier, Celtic, MacMallow, Rattlesnake Bier und Santa Muerte. Saison-/Nischenbiere: Rock & Roll Pale Ale und Hopfenzauber IPA.

 Führungen/Veranstaltungen: Nach Anmeldung ab 15 Personen jederzeit, mit Verkostung im Bräustüberl. Jeden Samstagmorgen findet der *Weißwurst-Brunch mit Biertasting* statt und am frühen Nachmittag eine offene Brauereiführung (Anmeldung erbeten). Jeden zweiten Samstag wird Livemusik im Innenhof der Brauerei geboten. Zu Frühlingsbeginn und Sommerende wird jährlich ein Brauereifest veranstaltet.

GIESINGER BRÄU, BIERMANUFAKTUR &
SPEZIALITÄTENBRAUGESELLSCHAFT MBH ///
MARTIN-LUTHER-STRASSE 2 /// 81539 MÜNCHEN ///
0 89 / 65 11 49 11 /// WWW.GIESINGER-BRAEU.DE ///

MÜNCHEN HAT WIEDER EINE ECHTE BRAUEREI!

Giesinger Bräu, München

Die Überschrift müsste in Anführungszeichen stehen. Weil viele Biertrinker der Meinung sind, dass Münchens Ruf in puncto Bier in den letzten Jahren oder gar Jahrzehnten arg gelitten hat. Alle großen Münchner Brauereien außer der Augustiner Brauerei (die nicht zu besichtigen ist) sind seit Längerem im Besitz holländisch oder belgisch dominierter Bierkonzerne. Das Staatliche Hofbräuhaus liegt in München-Riem, also praktisch außerhalb. So musste, wer München als Bierstadt verteidigen wollte, einigen Spott über sich ergehen lassen. Das hat sich nun wieder geändert.

Seit Ende 2014 gibt es den (Ober-)Giesinger in der Martin-Luther-Straße – damit haben Steffen Marx und seine Partner mitten in München eine Brauerei eröffnet, die diesen Namen auch verdient. Keine Gasthausbrauerei mit kupfernem Schausudwerk, sondern einen soliden Handwerksbetrieb in ansprechendem Industriedesign. Über zehn Jahre lang haben die (damals noch Unter-)Giesinger mit kleinen Gerätschaften in einer Garage gebraut. Der Ausstoß wuchs rasant, und irgendwann musste etwas Größeres her. Geld wurde beschafft, und los ging es! Die neue Brauerei ist so konzipiert, dass alle Bereiche für Besucher zugänglich sind und möglichst viel vom Brauvorgang sichtbar ist. Auch vom Braustübl aus. Doch nun ist es schon wieder zu eng geworden. Nach acht (!) Monaten ist die verzehnfachte Kapazität bereits ausgereizt, die Flaschenfüllung war aus Platzgründen von Anfang an ausgelagert worden.

Die Münchner bekommen nicht genug von ihrem »neuen« Bier!

Produktion in Zahlen: Die volle Auslastung von 12.000 Hektolitern pro Jahr mit einem 30-Hektoliter-Sudwerk wurde bereits im ersten Jahr erreicht!

Sorten: Die Untergiesinger Erhellung, ein klassisches Münchner Hell, ist die Hauptsorte. Außerdem werden noch Weißbier, Dunkles, Märzen und wechselnde Spezialbiere gebraut. Alle Biere sind unfiltriert und naturbelassen.

Führungen/Veranstaltungen: Es werden Brauereibesichtigungen und Braukurse angeboten. Außerdem gibt es einen Hofverkauf.

Die Bilderbuchfassade der Brauerei Unertl in Haag in Oberbayern signalisiert eine heile Welt. Und trotz aller möglichen Alltagsprobleme wird der Bierfreund hier auch tatsächlich fündig. Denn auf die Frage, welche Bierstile in der Familienbrauerei Unertl in Haag in Oberbayern gebraut werden, fällt die Antwort leicht: Weißbier, Weißbier und noch mal Weißbier. Alois Unertl III., Alois Unertl IV. und die 15 Mitarbeiter der Brauerei verweigern sich seit Jahren konsequent allen Trends. Keine Biermischgetränke, kein modernes Craftbier, kein virales Marketing, kein Außendienst. Die Belieferung der 400 Gastwirte erfolgt nur durch eigene Bierfahrer. Und trotzdem arbeiten die Brauer seit zehn Jahren am Limit dessen, was die Anlagen an Bier produzieren können. Zum einen beweist die Brauerei damit, dass man auch ohne ständiges Wachstum zufrieden sein kann. Zum anderen zeigt es, dass es bisweilen besser ist, eine Sache gut zu beherrschen als viele nur mittelmäßig. Die Unertl-Weißbiere werden von vielen Kennern als beste Weißbiere Bayerns ein- und hochgeschätzt.

Alle Biere werden hier offen vergoren und, im Gegensatz zu vielen anderen Weißbieren, auch mit Weißbierhefe in der Flasche endvergoren. Die Hefe dazu stammt aus eigener Hefezucht.

In der brauereieigenen Gastronomie, dem Unertl-Bräustüberl (www.unertl-braeustueberl.de), lässt sich die Qualität der Biere direkt vor Ort überprüfen. Am besten mit deftiger, bayerischer Kost.

 Produktion in Zahlen: Der Jahresausstoß beträgt etwa 27.000 Hektoliter bei voller Auslastung der Brauerei.

 Sorten: Weißbier (Original, Leicht, Alkoholfrei, Bock, Ursud) sowie Weißbierbockschnaps

 Führungen/Veranstaltungen: Aufgrund der schwierigen Mikrobiologie und der offenen Gärung werden keine regelmäßigen Führungen im Gärkeller veranstaltet. Das Sudhaus wird Interessierten aber gerne gezeigt.

Einmal im Jahr findet das Haager Herbstfest statt, mit viel Unertl-Weißbier aus dem Holzfass.

Sucht man als Ortsfremder die Brauerei Bräu im Moos, gerät man irgendwann in Versuchung, an der Zuverlässigkeit des Navigationsgeräts im Auto zu zweifeln. Nur Wald und Wiesen rundherum, weit und breit keine Siedlung, geschweige denn eine Brauerei. Skeptisch folgt man dem Weg durch das Landschaftsschutzgebiet Mörnbachtal zwischen Altötting und Mühldorf. Und doch: Plötzlich erweitert sich die feldwegartige Straße und man steht vor einer Brauerei mit großem Restaurant und idyllischem Biergarten voll Kastanienbäume. Mitten im Grünen, umgeben von zehn Hektar Wildgehege, wird hier, »Im Moos«, bereits seit 1870 Bier gebraut. Und zwar, der Größe nach zu urteilen, nicht gerade wenig. Davon geht dann eine nicht kleine Menge in den Export. Nach Italien und in andere südliche Gefilde.

Braumeister Eugen Münch, dessen Familie in vierter Generation im Besitz des Bräu im Moos ist, braut ein klassisches bayerisches Spektrum an Bieren; das Wasser dazu stammt – in diesem Fall selbstverständlich – aus einer eigenen Quelle. Zusätzlich werden noch Frucade-Limonaden für den süddeutschen Raum produziert.

Ein angeschlossenes Brauereimuseum zeigt alte Gerätschaften und Bierkrüge. Das Restaurant bietet reichlich deftige und relativ preiswerte Kost, passend zur Biergartenatmosphäre. Es wird gerne und viel mit Wild aus eigenem Bestand gekocht und manches Gericht mit Bier verfeinert.

 Produktion in Zahlen: Der Jahresausstoß liegt bei etwa 30.000 Hektolitern.

 Sorten: Als Hauptsorten werden Export Hell, Weißbier und Pils produziert. Andere Sorten: Export Dunkel, Dunkles Weißbier, Leichtes Weißbier, Heller Radler, Dunkler Radler, Russ, Alkoholfreies Weißbier, Alkoholfreies Helles.

 Führungen/Veranstaltungen: Brauereiführungen für Gruppen werden jederzeit angeboten. Um Voranmeldung wird gebeten.

BADERBRÄU SCHNAITSEE GMBH & CO. KG /// BADERWEG 4 ///
83530 SCHNAITSEE /// 0 80 74 / 17 69 66 /// WWW.BADERBRAEU.DE ///

... dann wird aus einem Hobby schnell ein Beruf. Im Jahr 2005 beschlossen Edmund Ernst und fünf seiner Freunde, im oberbayerischen Schnaitsee (Landkreis Traunstein) eine kleine Brauerei zu bauen, mit 80 Liter Ausstoß pro Sud. Hobbygröße. Das Bier war so gut, dass die 80 Liter bereits nach zwei Jahren die Nachfrage nicht mehr decken konnte. Es wurde auf 500 Liter vergrößert. 2010 erfolgte endgültig der Schritt zur Professionalisierung, mit Flaschenbier und der Einstellung eines hauptberuflichen Brauers, der die inzwischen auf zehn Freunde angewachsene Gruppe seither durch die Mysterien der Braukunst leitet. Und ein Ende des Wachstums ist nicht abzusehen.

In einem alten Ziegelhaus sind die Brauanlage und die Gärgefäße untergebracht, dort befindet sich auch ein kleiner, gemauerter Keller, der für die Bierlagerung genutzt wird. Die Gefäße wurden alle gebraucht gekauft, teilweise aus Molkereien. Wie zum Beweis, dass man keine teure Technik benötigt, um gutes Bier zu brauen.

Ein Bräustüberl gehört natürlich dazu, das man für Veranstaltungen, inklusive Bierversorgung, mieten kann. Unter der Treppe befindet sich das wohl kleinste Büro Deutschlands, aber eine Registrierkasse passt gerade noch hinein.

Die Flaschenfüllerei wurde ausgelagert und befindet sich auf der anderen Seite des Hofes. Versorgt wird sie durch eine unterirdische Bierleitung, sehr ungewöhnlich für eine derart kleine Brauerei.

 **Produktion in Zahlen:** Der Jahresausstoß beträgt etwa 500 Hektoliter.

Sorten: Weißbier (Hauptsorte), Helles, Dunkles, Märzen

Führungen/Veranstaltungen: Besucher sind jederzeit herzlich willkommen. Führung sind immer möglich, einfach vorbeischauen und klingeln.

Einmal jährlich, am ersten Samstag im August, findet das Brauereifest statt, einmal im Monat ein Brauseminar (ganztägig). Montags werden im Bräustüberl Biere aus verschiedenen Gegenden präsentiert (jeden Monat aus einer anderen), mit regionaltypischer Küche (Anmeldung erbeten).

COMMUNEBRAUEREI KAUFBEUREN /// DR.-KAHLFRESSER-PLATZ 1 ///
87600 KAUFBEUREN /// 09 11 / 53 54 82 ///
WWW.COMMUNEBRAUEREI-KAUFBEUREN.DE ///
WWW.ZOIGL-KAUFBEUREN.DE ///

WER VERKAUFT SCHON HALBFERTIGES BIER?

Communebrauerei Kaufbeuren, Kaufbeuren

In der schönen Altstadt Kaufbeurens steht am Dr.-Kahlfresser-Platz 1 ein schön restauriertes, schmales Haus mit dem kleinen unscheinbaren Schild »Communebrauerei« daran; drei Häuser weiter (Ludwigstraße 47) ist auf einer Tafel mit Kreide geschrieben »Zoigl ab 16 Uhr« zu lesen.

Zoigl? Diese oberpfälzer Biertradition? Mitten im Allgäu? Ja und nein.

Seit 2012 betreibt der bier- und zoiglverrückte Braumeister Gernot Wildung im Alleingang die Communebrauerei Kaufbeuren. Mit Mengen von 200 Litern pro Sud würden sich wohl nur die wenigsten Brauer abgeben. Aber Wildung macht sein eigenes Ding: Er braut etwa 100-mal im Jahr und verkauft dann unfertiges Bier, sogenanntes Jungbier. Das ist genau so ungewöhnlich wie interessant. Nach der Rezeptur des klassischen Zoigls braut er ein helles, nicht zu stark gehopftes Vollbier, bisweilen mal einen Bock. Aber er lässt es nur angären, und auf Zuruf kommen seine Kunden mit eigenen Bierfässern, füllen sich das unfertige Bier ab und lagern es in ihren eigenen Kellern ein, bis es trinkbar ist. Dann wird es als Zoigl in diversen Gasthäusern der Stadt ausgeschenkt. Aber auch in der Brauerei selbst natürlich, zu der zwei urgemütliche Schankräume gehören. Gekocht wird leider nicht, dafür reichen weder Platz noch Personal in dieser originellen Einmannfirma aus.

Um keinen Streit mit den klassischen Zoiglbrauern der Oberpfalz zu bekommen, die mit dem »Echten Zoigl« ein eigenes Markenzeichen besitzen, hat Wildung sich zeitig sein eigenes Zoigllogo gesichert.

Produktion in Zahlen: 200 Liter pro Sud, etwa 100-mal im Jahr
Sorten: Zoigl, saisonal Zoigl-Bock. Nur im Ausschank erhältlich. Flaschen werden an der Theke befüllt.
Führungen/Veranstaltungen: Führungen sind jederzeit möglich, sofern der Braumeister anwesend ist (also eigentlich immer). Für die Öffnungszeiten der Zoiglstuben gibt es, wie in der Oberpfalz, einen eigenen Zoiglkalender.

MAXBRAUEREI BIERMANUFAKTUR /// ST.-LORENZ-STRASSE 14 ///
86972 ALTENSTADT /// 01 60 / 8 25 81 98 /// WWW.MAXBRAUEREI.DE ///

Als Max Sedlmeier im Jahr 2010 mit seiner kleinen Einmannbrauerei, mit einem Sudhaus von gerade einmal 200 Litern (!) Ausschlagmenge, mitten im Schongau startete, war dies so ungewöhnlich wie mutig im Land der Hacker-Pschorrs und Löwenbräus. Dass es die Brauerei immer noch gibt, zeugt einerseits von Sedlmeiers Durchhaltewillen, aber auch von der Bierqualität. Denn seine Biere sind überall gefragt, nur leider nicht so sehr in seiner eigenen Heimat. In der Berliner Szenegastronomie findet man wahrscheinlich eher ein Maxbräu als in einer Schongauer Gaststätte.

»Kreativbrauen« wird in Bayern eher argwöhnisch betrachtet. Und wenn ein Brauer dann jeden Monat eine andere ungewöhnliche Biersorte braut und neben dem urbayerischen Bernstein Hefeweizen ein India Pale Ale im Programm führt, liegt das für viele Freunde von Weißbier und Münchner Hell weit jenseits ihrer Vorstellungskraft.

Und so kämpft der ruhige, sympathische Brauer mit seinen drei Helferlein weiter gegen die Mühlen der Großbrauereien. Ärgert sich, wenn er bei Festen in seinem Heimatort wieder mal ignoriert und stattdessen Münchner Industriebier ausgeschenkt wird. Freut sich aber über jeden Besucher in seiner sehenswerten kleinen Brauerei, in der es die Biere selbstverständlich zu kosten und zu kaufen gibt.

Produktion in Zahlen: Sudhaus zwei Hektoliter pro Sud, circa 400 Hektoliter im Jahr

Sorten: Circa 14 verschiedene Biere werden pro Jahr gebraut. Bierkalender mit wechselnden Monatsbieren (unter anderem Böhmisch Pilsner, Schockerbock, heller Maibock, Weizenbock, Russian Imperial Stout). Bernstein Hefeweizen und India Pale Ale werden als Standardbiere das ganze Jahr über angeboten.

Führungen/Veranstaltungen: In der angeschlossenen Probierstube finden immer wieder Foodpairing-Aktionen mit Verkostungen statt. Außerdem ein regelmäßiger Frauenbierstammtisch(!). Braukurse und Bierseminare werden circa alle zwei Wochen samstags angeboten; Verkostungen und Brauereiführungen sind nach Anmeldung möglich.

EIN AMERIKANER IN BAYERN

Private Landbrauerei Schönram, Petting

Eric Toft ist seit mehr als 25 Jahren Braumeister in Schönram. Seit dem Braustudium in Weihenstephan liebt der gebürtige US-Amerikaner Bayern, sodass ihm Lederhose und bayerische Mundart besser stehen als manchem Einheimischen. Und auch wenn es paradox klingt: Er ist einer der erfolgreichsten deutschen Brauer. Zumindest wenn man die Auszeichnungen als Maßstab nimmt und nicht die Hektoliter. Zahlreiche Medaillen bei den beiden wichtigsten Bier-Wettbewerben, dem European Beer Star und den World Beer Cup, zeugen vom unglaublich hohen Qualitätsstandard der Schönramer Biere. Das Pils wurde bereits mehrfach als »bestes Pils der Welt« geadelt.

Die Brauerei befindet sich seit 1780 in Familienbesitz, mittlerweile mit Alfred Oberlindober junior an der Spitze in der achten Generation. Oberlindober lässt Toft freie Hand, die Erfolge sprechen für sich. In Schönram wird auf viele Dinge Wert gelegt, die längst nicht mehr Standard sind. Stichwortartig zusammengefasst sind das: Nur Aromahopfen wird verwendet; intensive Arbeit im Sudhaus mit Dekoktion und Flotation; offene Gärung; lange, kalte Nachgärung mit »Kräusen«-Gabe. So werden Sieger gemacht.

Kuriosität am Rande: Gegenüber der Brauerei ist eine Kirche, die 1853 für die Mitarbeiter gebaut wurde. Bis 1952 durften ausschließlich Angestellte der Brauerei den Gottesdienst dort besuchen. Dazu gehörte auch der Pfarrer, der somit haustrunkberechtigt war!

 Produktion in Zahlen: 75.000 Hektoliter Bier, 7.000 Hektoliter alkoholfreie Getränke

 Sorten: Ganzjährig gibt es Helles, Weißbier, Pils, Gold (Märzen), »schweres Leichtes« mit 3,5 Prozent Alkohol sowie Altbayrisch Dunkel. Saisonal angeboten werden Grünhopfen Pils, Weihnachtsfestbier und Saphir Bock. Es werden auch Ales gebraut: Bayrisch Pale Ale, India Pale Ale und Imperial Stout. Und ab und zu darf das Imperial Stout in Holzfässern reifen.

 Führungen/Veranstaltungen: Besucher können über das zur Brauerei gehörende Bräustüberl eine Führung erfragen.

Auch für vielgereiste Brauereibesucher gibt es ab und zu Projekte, die einen mit besonderer Begeisterung erfüllen. So wie das Hopfengut No. 20. Dahinter stehen drei junge Leute aus dem Hopfenort Tettnang: Charlotte Müller, Leiterin des Hopfenmuseums, Lukas Locher, Betriebsleiter bei einem Hopfenbauern, und Fritz Tauscher, Braumeister und Besitzer der Traditionsbrauerei Krone in Tettnang. Besonders Letzterem liegt das Brauen im Blut, verkörpert er doch die siebte Generation einer Brauerfamilie. Traditionsbewusst siedet er seine Bierwürze noch ganz klassisch mit direkter Befeuerung unterm Sudkessel und verwendet ausschließlich Doldenhopfen. Dies ist auch die gemeinsame Leidenschaft der drei: der Hopfen! Darüber kommt man natürlich wieder zum Bier. Aufgewachsen sind alle drei mit beidem. Und sie wollten gemeinsam etwas Neues aufbauen. Also haben sie ihre Ersparnisse genommen und sich ihren Traum erfüllt: Seit Juni 2015 steht im alten Darrturm im Hopfengut, gleich neben der Hopfenverarbeitung, eine wunderschöne Schau- und Versuchsbrauerei, wo alle drei gemeinsam arbeiten. Brauen. Experimentieren. Mit neuen, feinen Hopfensorten. Mit ungewöhnlichen Rezepturen. Besonderen Biertypen. Ihr Ziel ist es, die gewachsene, regionale Bierkultur zu ergänzen. Schön ist das!

 Produktion in Zahlen: Nach dem Start im Sommer 2015 hat sich die Menge auf circa 250 Liter pro Woche eingependelt.

 Sorten: Der erste Sud war ein India Pale Ale, als Nächstes wurden ein Lager und ein Stout gebraut. Es werden noch viele Sorten folgen.

Führungen/Veranstaltungen: Interessierte können sich über die Brauerei im neu gestalteten Brauerei- und Verkostungsraum des Tettnanger Hopfenmuseums informieren. An öffentlichen Brautagen (einmal im Monat) wird eine Führung mit kleiner Bierverkostung angeboten. Bierkulinarische Führungen durch das Hopfenmuseum mit Verkostung von acht verschiedenen Bierspezialitäten und feinen Köstlichkeiten aus der Küche finden einmal im Monat statt.

WEITERFÜHRENDES:

Das Thema »Bier« ist im Moment derart dynamisch, dass Informationen von heute Morgen schon nicht mehr aktuell sein müssen. Der Autor Günther Thömmes möchte Ihnen einige sehr gute Blogs nahelegen, die das Thema auf dem neuesten Stand halten. Darüber hinaus beleuchten und kommentieren sie auch aktuelle Trends und Entwicklungen, während »So braut Deutschland« einen Querschnitt durch die Vielfalt der deutschen Braulandschaft bietet.

Unter den vielen Blogs sind folgende besonders hervorzuheben:
www.hopfenhelden.de
www.nordbier.de
www.brunnenbraeu.eu
www.probier.at
www.feinerhopfen.com

BILDNACHWEIS

Sofern hier nicht aufgeführt, stammen alle Bilder von Günter Thömmes.

S. 10, 180: Hopfengut No. 20; S. 16–22: Jörg Wölk; S. 24, 182: Simon Rainsborough; S. 30: Inselbrauerei; S. 32: Störtebeker Braumanufaktur; S. 34: Harry Erchen; S. 40: Braumanufaktur Templin; S. 42, 70, 82, 90, 102: Volker Quante; S. 48: Kolja Gigla; S. 50: Brauhaus Wolters; S. 52: Marcus Vortkamp; S. 68: Wilhelm Kloppert; S. 76: Brauerei Vormann; S. 80: Fritz Wülfing; S. 110: Gasthaus Zur Traube; S. 118: Ulrich Sander; S. 122: Thomas Wachno; S. 124: Rossknecht; S. 128: Berg Brauerei; S. 130: Martins Bräu; S. 132: Brauerei Rogg; S. 134: Norbert Krines; S. 146: Markus Raupach; S. 170: Bräu im Moos

DANKE AN

… die vielen Bierfreunde im Land. Ohne euch wäre es nicht möglich gewesen, eine so gute Auswahl an Brauereien zu treffen. Eure Tipps und Hinweise waren sehr hilfreich.

… die vielen großartigen Brauerinnen und Brauer im Land, die sich Zeit genommen, mir bereitwillig ihre Türen geöffnet, ihre Geschichten erzählt und mich voller Stolz durch ihre Brauereien geführt haben.

… meine Lektorin Katja Ernst und die lieben Kollegen des Gmeiner-Verlags, die mit viel Einsatz dafür sorgen, dass aus einer Buchidee auch ein wirklich gutes Buch wird.

Ein besonderer Dank geht an folgende Bierfans, Bierjournalisten, Bierblogger und/oder Gastautoren, die mir mit Rat und Tat sowie vielen Informationen zur Seite gestanden haben: Mareike Hasenbeck, Edit & Simon Rainsborough, Claudia Steinert, Norbert Krines, Volker Quante, Andreas Rammelt, Markus Raupach, Jörg Wölk.

HAMBURG:

Gröninger Privatbrauerei ///
Willy-Brandt-Straße 47 /// 20457 Hamburg ///
040 / 5 70 10 51 00 /// www.groeninger-hamburg.de ///

Brauhaus Joh. Albrecht Hamburg ///
Adolphsbrücke 7 /// 20457 Hamburg ///
040 / 36 77 40 /// www.brauhaus-joh-albrecht.de ///

Blockbräu GmbH /// Bei den St. Pauli
Landungsbrücken 3 /// 20359 Hamburg ///
040 / 44 40 50 00 /// www.block-braeu.de ///

Buddelship Brauerei GmbH ///
Warnstedtstraße 16L /// 22525 Hamburg ///
040 / 54 80 98 00 /// www.buddelship.de ///

Kehrwieder Kreativbrauerei ///
Sinsdorfer Kirchweg 74–92 ///
21077 Hamburg /// 040 / 47 19 07 47 ///
www.kreativbrauerei.de ///

Ratsherrn Brauerei GmbH (Schanzenhöfe) ///
Lagerstraße 30a /// 20357 Hamburg ///
040 / 3 80 72 89 20 /// www.ratsherrn.de ///
www.schanzenhoefe.com ///

Ratsherrn Brauerei GmbH /// Craftbeerstore ///
Lagerstraße 30a /// 20357 Hamburg ///
040 / 38 07 28 92 82 /// www.craftbeerstore.de ///

Wahnsinn UG (Von Freude) ///
Tarpenbekstraße 143 /// 20251 Hamburg ///
040 / 22 85 35 15 /// www.vonfreude.de ///

Wildwuchs Brauwerk Hamburg ///
Friedrich Carl Richard Matthies ///
Schotstek 52 /// 21119 Hamburg ///
01 74 / 2 49 19 61 ///
www.wildwuchs-brauwerk.de ///

Brewcifer /// Jochen Mader ///
Hellbrookstraße 86 /// 22305 Hamburg ///
040 / 87 60 37 85 /// www.brewcifer.de ///

Pauls Spezialitätenbrauerei & Destille GmbH ///
Eimsbütteler Chaussee 63 /// 20259 Hamburg ///
01 51 / 51 06 44 89 /// www.elbpaul.de ///

Hopper Bräu GmbH & Co. KG ///
Wieckstraße 22 /// 22527 Hamburg ///
www.hopperbraeu.de ///

Galopper des Jahres /// Schulterblatt 73 ///
20357 Hamburg /// 040 / 43 09 39 75 ///
www.dreiundsiebzig.de ///

Beyond Beer GmbH /// Weidenallee 53–55 ///
20357 Hamburg /// 040 / 44 46 54 24 ///
www.beyondbeer.de ///

BERLIN:

Brauhaus Südstern und Schoppebräu ///
Hasenheide 69 /// 10967 Berlin ///
030 / 69 00 16 24 (Südstern) /// 030 / 32 52 85 51
(Schoppebräu) /// www.brauhaus-suedstern.de ///
www.schoppebraeu.de ///

Pfefferbräu – Restaurant & Bergbrauerei ///
Schönhauser Allee 176 (Haus 15/16) ///
10119 Berlin /// 030 / 47 37 73 62 40 ///
www.pfefferbraeu.de ///

Brewbaker ///
BGM Berliner Getränkemanufaktur GmbH ///
Sickingenstraße 9–13 /// 10553 Berlin ///
01 77 / 6 94 09 61 /// www.brewbaker.de ///

Hops & Barley ///
Diplom-Braumeister Philipp Brokamp ///
Wühlischstraße 22/23 /// 10245 Berlin ///
030 / 29 36 75 34 /// www.hopsandbarley-berlin.de ///

Schalander Hausbrauerei /// Maximilian Lissek ///
Bänschstraße 91 /// 10247 Berlin ///
030 / 89 61 70 73 /// www.schalander-berlin.de ///

Brauhaus Georgbräu e. K. /// Spreeufer 4 ///
10178 Berlin /// 030 / 2 42 42 44 ///
www.brauhaus-georgbraeu.de ///

Heidenpeters /// Markthalle Neun ///
Eisenbahnstraße 42–43 /// 10997 Berlin ///
01 76 / 22 29 16 88 /// www.heidenpeters.de ///

Eschenbräu /// Triftstraße 67 ///
13353 Berlin /// 01 62 / 4 93 19 15 ///
www.eschenbraeu.de ///

Vagabund Brauerei GmbH ///
Antwerpenerstraße 3 /// 13353 Berlin ///
Taproom: 030 / 52 66 76 68 ///
www.vagabundbrauerei.com ///

Stone Brewing Berlin ///
Lankwitzer Straße 48 /// 12107 Berlin ///
www.berlin.stonebrewing.com/ ///

Brauhaus Lemke /// Am Schloss ///
Luisenplatz 1 /// 10585 Berlin-Charlottenburg ///
030 / 30 87 89 79 /// www.lemke.berlin ///

Privatbrauerei Am Rollberg GmbH ///
Am Sudhaus 3 (ehem. Werbellinstraße 50) ///
12053 Berlin /// 030 / 68 08 45 77 ///
www.rollberger.de ///

Alte Börse Marzahn GmbH ///
Zur Alten Börse 59 (ehemals Beilsteiner
Straße 51–85) /// 12681 Berlin ///
030 / 55 47 51 32 /// www.alte-boerse-marzahn.de ///

Brauhaus in Spandau /// BIS GmbH ///
Neuendorfer Straße 1 /// 13585 Berlin ///
030 / 3 53 90 70 /// www.brauhaus-spandau.de ///

Berliner Marcus Bräu /// Münzstraße 1–3 ///
10178 Berlin /// 030 / 2 47 69 85 ///
www.marcus-braeu.de ///

ZUKUNFT am Ostkreuz ///
Laskerstraße 5 / Markgrafendamm ///
10245 Berlin-Friedrichshain ///
01 76 / 57 86 10 79 ///
www.zukunft-ostkreuz.de ///

Brauerei Flessa ///
Petersburger Straße 39 (1. Hinterhof) ///
10249 Berlin /// 030 / 23 47 08 31 ///
www.brauerei-flessa.de ///

Schlossplatzbrauerei Köpenick ///
Grünstraße 24 /// 12555 Berlin-Köpenick ///
030 / 42 09 68 76 ///
www.schlossplatzbrauerei-koepenick.com ///

Brauhaus in Rixdorf /// Glasower Straße 27 ///
12051 Berlin-Neukölln /// 030 / 6 26 88 80 ///
www.brauhaus-rixdorf.de ///

Lindenbräu am Potsdamer Platz
im Sony Center /// Bellevuestraße 3–5 ///
10785 Berlin /// 0 30 / 25 75 12 80 ///
www.bier-genuss.berlin ///

Hopfingerbräu im Palais /// Ebertstraße 24 ///
10117 Berlin /// 0 30 / 20 45 86 37 ///
www.bier-genuss.berlin ///

Hopfingerbräu /// Europaplatz 1 ///
10557 Berlin /// 0 30 / 20 62 46 24 ///
www.bier-genuss.berlin ///

Bier Shop Berlin /// Rainer Walliser ///
Kirchstraße 23 /// 10557 Berlin-Tiergarten ///
0 30 / 39 10 07 30 /// www.berlinbiershop.com ///

Getränkefeinkost Berlin ///
Boxhagener Straße 24 /// 10245 Berlin ///
0 30 / 25 93 38 00 ///
www.getraenkefeinkost.de/filiale/berlin ///

Bierlieb GmbH /// Petersburger Straße 30 ///
10249 Berlin /// 0 30 / 42 80 64 00 ///
www.bierlieb.com ///

DÜSSELDORF:

Brauerei Ferd. Schumacher GmbH & Co. KG ///
Oststraße 123 /// 40210 Düsseldorf ///
02 11 / 8 28 90 20 /// www.schumacher-alt.de ///

Uerige Obergärige Hausbrauerei GmbH ///
Berger Straße 1 /// 40213 Düsseldorf ///
02 11 / 86 69 90 /// www.uerige.de ///

Schlüssel GmbH & Co. KG ///
Hausbrauerei »Zum Schlüssel« ///
Bolkerstraße 41–47 /// 40213 Düsseldorf ///
02 11 / 8 28 95 50 /// www.zumschluessel.de ///

Brauerei und Wirtschaft Im Füchschen Peter König
e. K. /// Ratinger Straße 28 /// 40213 Düsseldorf ///
02 11 / 13 74 70 /// www.fuechschen.de ///

Brauerei Kürzer /// Kurze Straße 18–20 ///
40213 Düsseldorf /// 02 11 / 32 26 96 ///
www.brauerei-kuerzer.de ///

Brauerei Schlösser GmbH /// Ratinger Straße 25 ///
40213 Düsseldorf /// 02 11 / 4 49 40 ///
www.schloesser.de ///

Gulasch-Bräu/Hausbrauerei
Alter Bahnhof Oberkassel /// Belsenplatz 2 ///
40545 Düsseldorf /// 02 11 / 55 78 99 41 ///
www.brauhaus-alterbahnhof.de ///

Brauhaus Joh. Albrecht Düsseldorf /// Niederkas-
seler Straße 104 /// 40547 Düsseldorf ///
02 11 / 57 01 29 /// www.duesseldorf.brauhaus-joh-
albrecht.de ///

KÖLN:

Brauerei Päffgen GmbH & Co. KG ///
Friesenstraße 64–66 /// 50670 Köln ///
02 21 / 13 54 61 /// www.paeffgen-koelsch.de ///

Brauerei zur Malzmühle Schwartz GmbH
& Co. KG /// Heumarkt 6 /// 50667 Köln ///
02 21 / 21 01 18 /// www.muehlenkoelsch.de ///

Früh am Dom /// Am Hof 12–18 /// 50667 Köln ///
02 21 / 26 13 21 5 /// www.frueh-am-dom.de ///

Brauhaus Weiß /// Am Weidenbach 24 ///
50676 Köln /// 02 21 / 33 87 99 48 ///
www.weiss-braeu.de ///

Gebr. Sünner GmbH & Co. KG ///
Brauerei und Brennerei ///
Kalker Hauptstraße 260 /// 51103 Köln ///
02 21 / 98 79 90 /// www.suenner-brauerei.de ///

Das Urstoff /// Aegidiusstraße 56 ///
50226 Frechen /// 0 22 34 / 95 66 00 ///
www.das-urstoff.de ///

Privatbrauerei Bischoff /// Weilerhof ///
50321 Brühl /// 0 22 32 / 92 27 03 ///
www.bischoff-koelsch.de ///

BAMBERG:

Brauerei Schlenkerla /// Dominikanerstraße 6 ///
96049 Bamberg /// 09 51 / 5 60 60 ///
www.schlenkerla.de ///

Ambräusianum GmbH ///
Dominikanerstraße 10 ///
96049 Bamberg /// 09 51 / 5 09 02 62 ///
www.ambraeusianum.de ///

Brauerei Fässla GmbH & Co. KG ///
Obere Königstraße 19–21 ///
96052 Bamberg /// 09 51 / 2 65 16 ///
www.faessla.de ///

Brauerei Spezial /// Obere Königstraße 10 ///
96052 Bamberg /// 09 51 / 2 43 04 ///
www.brauerei-spezial.de ///

Mahrs Bräu Bamberg GmbH /// Wunderburg 10 ///
96050 Bamberg /// 09 51 / 9 15 170 ///
www.mahrs.de ///

Brauerei Keesmann /// Wunderburg 5 ///
96050 Bamberg /// 09 51 / 9 81 98 10 ///
www.keesmann-braeu.de ///

Klosterbräu Bamberg /// Obere Mühlbrücke 1–3 ///
96049 Bamberg /// 09 51 / 5 22 65 ///
www.klosterbraeu.de ///

Brauerei Greifenklau GmbH /// Laurenziplatz 20 ///
96049 Bamberg /// 09 51 / 5 32 19 ///
www.greifenklau.de ///

Kaiserdom Specialitäten Brauerei GmbH Bamberg /// Breitäckerstraße 9 /// 96049 Bamberg ///
09 51 / 6 04 50 /// www.kaiserdom.de ///

Braumanufaktur der Weyermann® Malzfabrik ///
Brennerstraße 17–19 /// 96052 Bamberg ///
09 51 / 93 22 00 /// www.weyermann.de ///

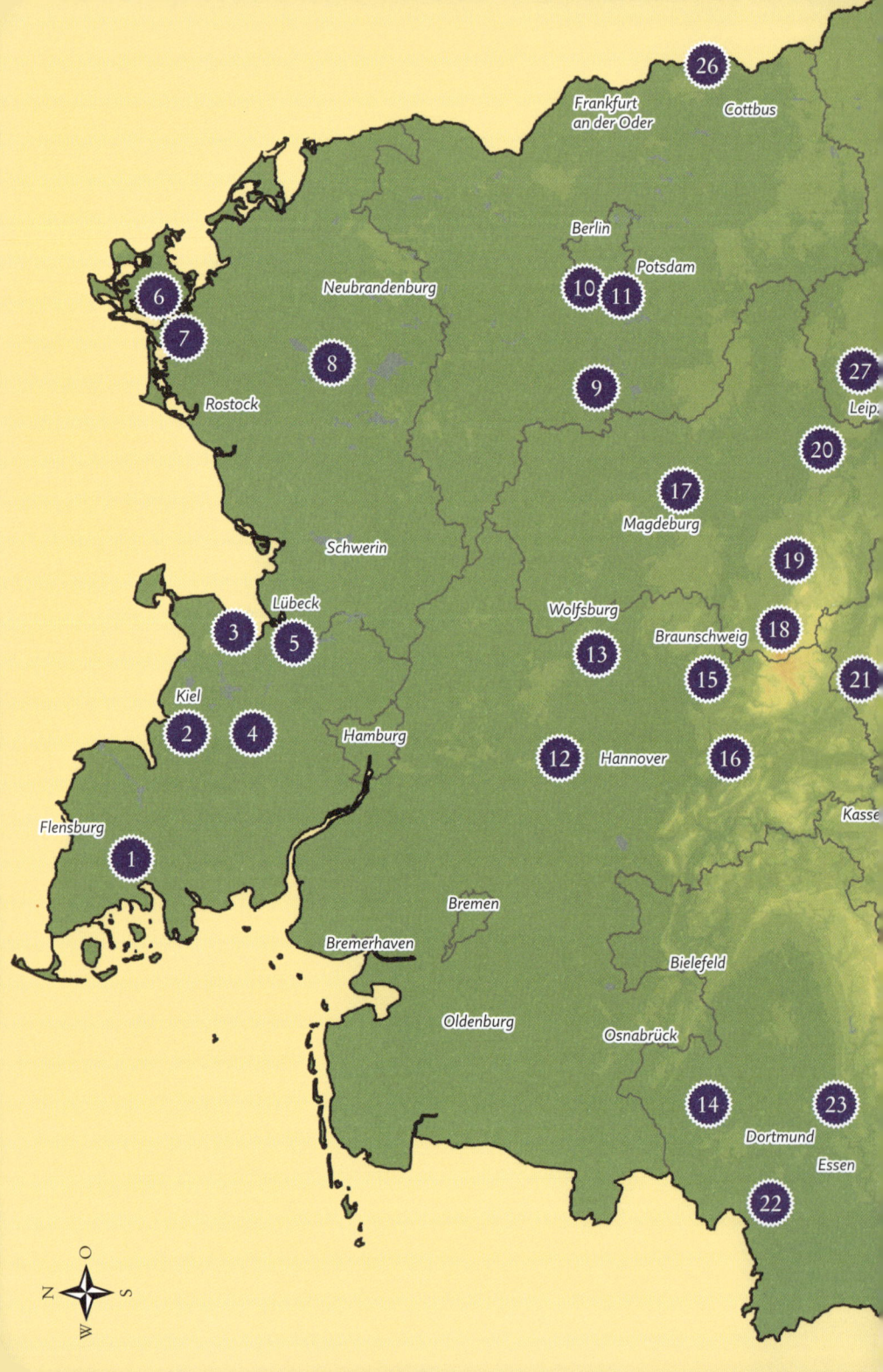

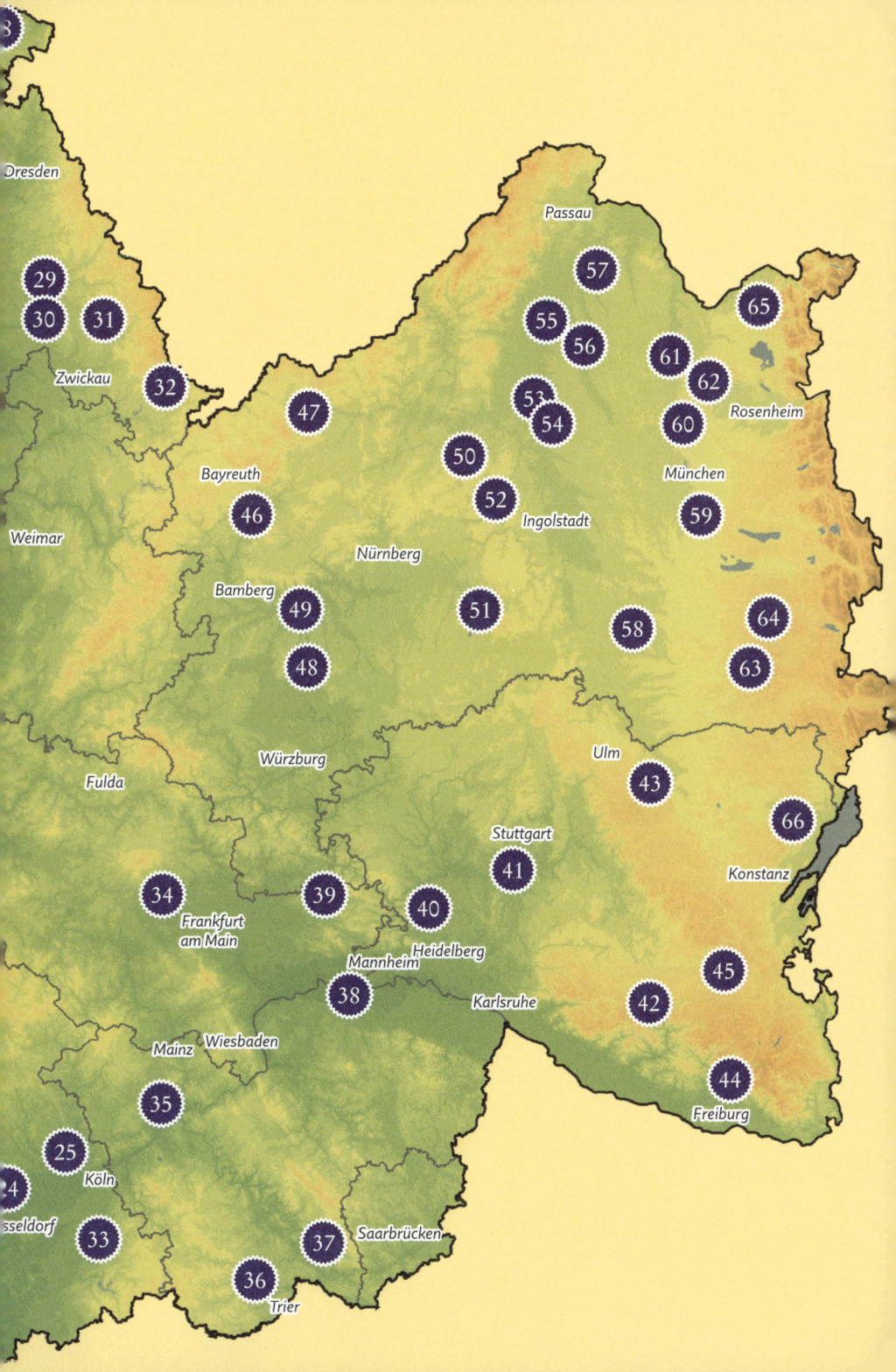

Mit Stadtporträts
die Heimat neu entdecken!

Was macht eine Stadt aus? Die Architektur?
Die Sehenswürdigkeiten? Nein, es sind
die Menschen, die einer Stadt ihr Gesicht
verleihen und sie zu dem machen, was sie
ist. Unsere Stadtgespräche stellen diese
Menschen und ihre Geschichten in Bild und
Wort vor. Originale und Prominente erzählen
ebenso wie Leute von nebenan Anekdoten,
Kurioses und Überraschendes aus ihrer
Heimat. Aus den vielen persönlichen Mosaik-
steinchen entsteht ein einzigartiges Porträt
der Stadt – bunt, lebendig und menschlich.

☞ Unsere Lieblingsplätze 2016

978-3-8392-1873-0

978-3-8392-1898-3

978-3-8392-1899-0

978-3-8392-1867-9

978-3-8392-1870-9

978-3-8392-1869-3

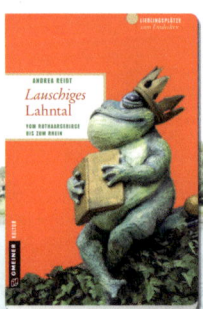
978-3-8392-1875-4

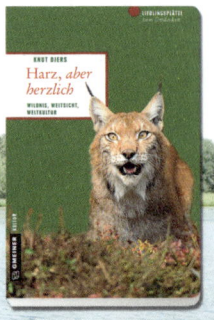
978-3-8392-1874-7

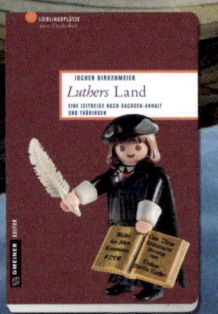
978-3-8392-1871-6

978-3-8392-1872-3

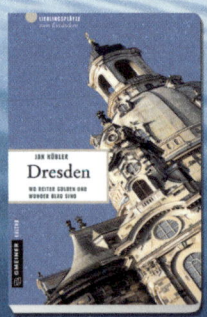
978-3-8392-1283-7

978-3-8392-1901-0